I0711150

giustizia, segni e pregiudizi

di Antonio Fossati

Editore: Lulu.com

Titolo: giustizia, segni e pregiudizi
di Antonio Fossati

Introduzione

Il termine "giustizia" viene definito come:
"Virtù morale per la quale si dà a ciascuno ciò che gli è dovuto, e si rispetta il diritto altrui";
e ancora
"Virtù per la quale si giudica rettamente e si riconosce e si dà a ciascuno ciò che gli è dovuto".

La Costituzione, nel definire la struttura della repubblica, dedica il titolo IV alla magistratura, precisando l'ordinamento giurisdizionale.

In particolare
art.101:
- La giustizia è amministrata in nome del popolo.
I giudici sono soggetti soltanto alla legge.

art.104:

- la Magistratura costituisce un ordine autonomo e indipendente da ogni altro potere.

art. 106:

- Le nomine dei magistrati hanno luogo per concorso.

Il cittadino, quando riscontra una lesione dei propri diritti, può ricorrere alla magistratura affichè amministri la giustizia applicando la legge. Compito che si presuppone venga svolto senza interpretazioni soggettive, arbitrarie, senza assecondare opinioni personali, credenze, ideologie, attenendosi alle indicazioni stabilite dalle norme, in particolare

dall'art. 3 della Costituzione:

- Tutti i cittadini hanno pari dignità sociale e sono eguali davanti alla legge, senza distinzioni di sesso, di razza, di lingua, di religione, di opinioni politiche, di condizioni personali e sociali.

Precisazione che chiarisce l'importante principio della dignità di ogni persona; atteggiamento fondamentale in democrazia.

Esprime una concezione aperta, priva di pregiudizi, quali, invece, anche una società definita evoluta, come la nostra, talvolta manifesta in modo palese e spregiudicato.

Per raggiungere scopi, interessi, per godere di privilegi, certi personaggi, categorie sociali, si appellano ad amicizie influenti, a conoscenze importanti, contattano operatori del settore, membri di associazioni, esponendo giudizi denigratori, calunniosi, segnalazioni ambigue e irrisorie nei confronti di chi intacca, ostacola le loro mire, anche con pressioni, intimidazioni, pur di perseguire il proprio tornaconto.

Succede pure che persone con titoli di studio, professionisti, avvocati, insegnanti, uomini di cultura, si lascino manipolare da individui perversi, senza scrupoli, per acconsentire ai pregiudizi suggeriti e screditare altri.

Riescono perfino a coinvolgere i giudici incaricati di un processo, che, nel formulare la sentenza, rimangono influenzati dalle insinuazioni, dalle espressioni calunniose, anche se travisano palesemente la verità.

Dimostrano di non saper analizzare i fatti in modo autonomo, con senso critico, logica, razionalità. Inoltre trascurano di applicare l'art. 3 della costituzione, e, in definitiva, non giudicano con equità, non amministrano la giustizia secondo la legge.

Non si comportano in modo "legittimo", e neppure secondo i principi dell'etica professionale.

Il magistrato deve esprime il giudizio sulla controversia attenendosi a rettitudine, imparzialità, riporre l'attenzione, vagliare gli elementi concreti, validi, senza interferenze, per riconoscere all'altro ciò che gli è dovuto.

E' un rilievo all'apparato giudiziario e alle categorie professionali che collaborano nella funzione giurisdizionale.

Taluni, nell'esprimere pareri, decisioni,
considerano elementi, aspetti, atteggiamenti
presunti, senza consistenza reale, che non
dovrebbero nemmeno essere osservati.
Li utilizzano per interessi particolari, scopi
personali, per favorire qualcuno, pur
danneggiando l'ignaro cittadino, fino all'emissione
di sentenze opinabili, parziali, non rispondenti a
equità, a giustizia.

giustizia, segni e pregiudizi

Il linguaggio non verbale

L'antropologo Desmond Morris descrive, ne "I gesti nel mondo", una singolare forma di comunicazione espressa con cenni, segni, gesti, mosse.

Rappresenta un particolare linguaggio universale diffuso fra gli esseri umani, praticato da svariati gruppi etnici, bianchi, gialli, mori e neri, senza distinzione.

Paolo si accorse di essere intrappolato negli strani messaggi, senza capirne il significato, la ragione.

Riflettendo sulle scelte compiute negli ultimi anni, ritenne, un motivo plausibile, la burrascosa vicenda suscitata con il rifiuto del nuovo trasferimento all'ente pronostici.

La prima volta aveva condiviso l'opportunità, esprimendo chiaramente di non avere alcuna intenzione di rimanere.

Del resto, aveva già trascorso circa due anni.

Un'altra valida ragione poteva consistere nell'aver abbandonato le posizioni politiche di estrema sinistra; all'inizio, abbracciate con fiducia e semplicità, poi, seguite più per verificarle nell'applicazione pratica che per convinzione.

Allora, rappresentavano i sogni, le ambiziose aspettative dell'età giovanile.

In seguito, riflettendo con maggior cognizione ed esperienza sulle attività svolte, le ritenne inadeguate, assecondando certi criteri, a conseguire i valori di giustizia, libertà e democrazia quali auspicava.

Ancora, per l'opportunità, appresa lavorando nel campo privato, di operare secondo i criteri del libero mercato, della concorrenza, anche nel pubblico impiego.

Sosteneva l'impegno di svolgere le mansioni con diligenza, con disponibilità per adeguare le strutture, i servizi ai mutamenti progettati per rispondere meglio alle esigenze dei cittadini.

In effetti, aveva seguito direttive, scelte, non condivise da molte persone, specie nella pubblica amministrazione.

Da questa vicenda, Paolo trasse una considerazione sul modo in cui si sviluppano, in genere, i rapporti di lavoro, le relazioni nella società.

Arguì che parte della popolazione si comporta ancora come nel mondo animale, si atteggia, cioè, alla stregua del predatore nei confronti della preda.

L'intento principale di costoro consiste nell'agire con solerzia, con estrema avvertenza, per cogliere le occasioni propizie, carpirle con prontezza e aggressività.

Va precisato che l'osservazione è rivolta agli esseri umani che interagiscono senza tenere conto del rispetto delle leggi, dei diritti altrui, delle regole della convivenza.

Sono persone che seguono, accettano le norme quando conviene, solo se traggono dei vantaggi, altrimenti escogitano scappatoie, sotterfugi per evitarle, trasgredirle impunemente.

E' il comportamento di coloro che ambiscono al successo a qualsiasi costo, per conquistare benefici, privilegi, per conseguire ogni forma di piacere senza limiti, ostacoli, interferenze.

Il particolare linguaggio non verbale, svolto con segni, diventa particolarmente proficuo per questi individui, adatto agli scopi, per meglio confondere i cittadini semplici, onesti che non immaginano doppi fini, mire ambigue, illecite.

Uno strano meccanismo di comunicare che, osservato nell'insieme, induce a raffigurare un mondo fantastico, irreale, in cui si usano mani, braccia, piedi, come esseri privi di parola, incapaci di esprimersi con la voce, di pronunciare frasi significative.

Appare una mimica articolata, un diffuso gesticolare tra persone con riferimento a situazioni, a determinati individui.

Richiama l'immagine della preistoria, quando i contatti avvenivano con monosillabi, espressioni gutturali; ricorda il periodo degli Ominidi in cui non si conosceva il linguaggio.

Le relazioni sono effettuate con le membra, ponendole in rapporto, o in contatto, con altre parti del corpo, con oggetti, comunque soltanto attraverso cenni, gesti, simboli, pose.

Il fatto di non usare l'idioma comune, ma una forma singolare, assume una precisa valenza, rivela motivi, scopi, interessi che s'intende occultare.

Dimostra un comportamento subdolo, ambiguo, altrimenti non avrebbero motivo di celare le intenzioni, di esprimersi in modo chiaro, comprensibile.

Di conseguenza sono pure consapevoli dell'iniquità progettata, sottesa, di manifestare pregiudizi, pretesti, per condizionare, indurre altri ai propri voleri.

Paolo sottoponeva l'argomento ad Alberto:
- Devi sapere - gli rispondeva - che nella società, negli enti, nelle aziende, esistono strutture, gerarchie, stabilite per comunicare, per agire, operare. Sono definiti i compiti, le responsabilità, i livelli di competenza del personale per gestire, svolgere le attività. Spesso, però, all'interno, si costituiscono altri organismi, chiamati informali, più o meno palesi, ramificati, che allacciano relazioni, contatti ed esercitano un contropotere nei confronti di quello ufficiale che figura all'esterno, al pubblico.
- Capisco, - ribatteva Paolo - che possano consolidarsi metodi sgraditi, ritenuti dispotici, posizioni ingiustificate di privilegio, l'uso indebito, illecito del potere; però, per convalidare una sotto-struttura, dovrebbero proporre valide

motivazioni, usare modi corretti, chiari, per intervenire, non progetti, intenti ambigui, sistemi contrari alle regole.

- Vedi, non sempre s'instaurano forme valide, lecite; a volte subentrano egoismi personali, interessi di gruppo, malvagità, in un'istituzione come nell'altra; se le persone si comportassero in modo lecito, ragionevole, come immagini, non succederebbero conflitti, scontri cruenti, guerre. Tu sei ingenuo! Le persone non sono tutte leali, oneste!

Paolo si era accorto del singolare meccanismo di comunicazione nella scuola, quando aveva iniziato a insegnare.

A volte, scorgeva atteggiamenti non spontanei, studiati, compiuti di proposito, come intendessero suggerire, criticare atti, modi di comportarsi, specifiche relazioni.

Si sentiva controllato nel manifestare interesse a colleghe, allieve, ragazzine procaci.

Cercava di interpretare le azioni compiute confrontandole con il significato dei gesti, svolti per acconsentire o screditare il comportamento.

In effetti, rimaneva affascinato dalle numerose giovani, dalle prosperose fanciulle che ritrovava in classe ogni giorno.

E sperava, in cuor suo, di incontrare un'allieva che lo ricambiasse nei sentimenti, immaginando di realizzare una relazione amorosa, instaurare un valido rapporto, costituire una famiglia.

Tuttavia, non si lasciava coinvolgere in favoritismi, manifestando preferenze, per ottenere benefici, raggiungere il fine ambito.

Confidava in occasioni, eventi speciali, senza imbastire contatti, rapporti da compromettere il ruolo.

Incontrava spesso Elisa, graziosa studentessa con vivaci occhi azzurri, forme morbide, prorompenti, i capelli biondi, lunghi, che accarezzavano le spalle; manifestava un'espressione dolce, serena, in viso.

Nel periodo estivo indossava pantaloncini corti, attillati, che evidenziavano il corpo formoso; in inverno si avvolgeva in un vezzoso paltoncino azzurro, intonato al colore dei capelli.

Appariva una figura armoniosa, desiderabile, stimolante, che colpiva, attirava l'attenzione. La guardava con piacere, le rivolgeva il saluto, gesti di cortesia con discrezione. Le inviava vasi, mazzi di fiori, scriveva bigliettini, lettere affettuose. Cercava, invano, di invitarla a casa, anche con amiche.

Le sue attenzioni, però, avevano suscitato apprensione, inquietudini, una curiosa agitazione in paese.

Alcune persone pensarono di invitare Mongol, un compagno di studi, un tipo truce con espressione da gorilla, ad affiancare Elisa, accompagnarla a casa al termine delle lezioni, incontrarsi in paese, in modo da impedire a Paolo ogni contatto.

Da allora, venne a inscenarsi, con maggior frequenza, il singolare sistema di segnalazioni per interferire, contrastare, esprimere giudizi, opporsi, anche suggerire approcci.

Si vedeva investito da schermaglie di gesti, pose, cenni, compiuti con diverse parti del corpo:
- con le mani e le dita: con la destra, stringere il mignolo della sinistra come un invito a prendere Elisa, o il contrario, in quanto sarebbe lei stessa a preferire Mongol; oppure l'indice della destra mosso, in orizzontale, rispetto alle narici, come per sbarrarle o lasciarle aperte, o indirizzato, a lato del naso, verso l'alto o il basso, segnali di un agire positivo verso la ragazza o di indifferenza, distacco; atti e posture, con diverso significato, se svolti con l'una o l'altra mano; la destra riferita all'uomo, la sinistra alla donna;
- con le braccia: il sinistro penzoloni indica il disinteresse della fanciulla, mentre piegato sul petto suggerisce attenzione, desiderio; il destro steso lungo la gamba mostrerebbe l'indifferenza di Paolo, privo di iniziativa nei riguardi dell'altro sesso;

- con i piedi: il sinistro poggiato sul tallone sarebbe come rimanere indietro, senza attenzioni per le ragazze, proteso sulla punta, esprime l'atto di avanzare, tentare approcci; effettuato con il destro rappresenta la stessa intenzione per conto dei maschi;

- con le gambe: la sinistra ripiegata indica astenersi dall'atto sessuale con una donna, con la destra non compierlo comunque o addirittura non essere in grado; abbassare entrambe le gambe non prendere iniziative, non saper gestire la situazione o non provare attrazione per l'altro sesso.

Le segnalazioni erano formulate anche attraverso fogli, libri aperti o chiusi, nel senso di disponibilità, o meno, al rapporto da parte della studentessa.

Il singolare gioco proseguiva con automobili del modello posseduto da Elisa: se nuovo descriveva un comportamento aitante, giovanile, se obsoleto, ritenuto vecchio; vista di fronte, o dietro, per avvertirlo dell'interesse o meno della ragazza;

anche con il colore, al rosso era attribuito un senso di spregio, di non provare desiderio sessuale.

Il meccanismo delle vetture succedeva con una marca particolare che, Paolo, per le situazioni in cui le incontrava, immaginò fosse di Mongol.

Gli capitava di trovarla davanti, per avvisarlo che veniva superato, lui si avvicinava a Elisa, poteva sedurla, doveva reagire, animarsi per possederla.

Oppure incrociava i due modelli che s'inseguivano: se precedeva quello di Elisa, significava che Mongol voleva raggiungerla o, se stava dietro, indicava la scelta di Elisa ad accompagnarsi a lui, lo preferiva; per smuoverlo dal torpore, ingelosirlo.

Proponevano di spingere Paolo a diventare aggressivo, balzare in avanti, oltrepassare Mongol per conquistare Elisa a ogni costo.

Nel meccanismo s'inserivano pure auto di grossa cilindrata, lussuose, le veloci super car, per mostrare disprezzo:

- Stai dietro, sei lento, non puoi sorpassare, possiedi un'auto antiquata, sei un poveraccio, un miserabile!

Modi per segnalare un comportamento gradito, indifferente o negativo, nei propositi amorosi, nelle iniziative sessuali.

In realtà, Elisa non ha mai dimostrato interesse, affettuosità.

Si è sempre rifiutata di conversare, accettare la compagnia.

Inoltre, non ha mai inteso chiarire l'intrigo, la strana ragnatela intessuta attorno alla vicenda.

Paolo scorgeva, pure, conoscenti, persone credibili, esercitare il meccanismo dei segni, a volte anche fugaci accenni a congiungersi: con la mano destra cogliere il mignolo della sinistra, oppure l'indice destro inserirsi nel pugno per indicare, proporre l'atto sessuale.

Gesti per avvertirlo della disponibilità di Elisa, per avvicinarla, realizzare il rapporto.

Il singolare linguaggio silenzioso avveniva in ogni dove, trasmesso da svariati individui, conosciuti ed estranei, dell'ambiente e di altri paesi.

Anche durante i viaggi, nello stato e nelle nazioni vicine, gli capitava di imbattersi in segnalazioni con fogli, con la posizione delle mani, dei piedi, con vari oggetti.

Attribuivano un significato, li collegavano al suo modo di comportarsi con le ragazze.
Indicazioni riferite all'atteggiamento di Elisa, di altre giovani, come d'interesse, disponibilità o rifiuto, indifferenza.

Ancor più significativo apparivano le signore nel condurre carrozzine con i pargoletti, attribuendo un senso nell'incontrarle di fronte o dietro, come l'invito a generare, nel primo caso, o il rifiuto da parte della giovane.

Altrettanto singolare la presenza di donne, ragazze, con un piccolo tra le braccia, davanti alla casa di Elisa, per avvertirlo della sua aspettativa; trattenendo, invece, giovincelli segnalavano delusione, scherno, perchè il tempo scorreva, e non interveniva.

Altri segni espressi con giornali, fogli, libri aperti, trattenuti con entrambe le mani, per indirizzarlo al contatto.

Mentre gli stessi oggetti, sorretti con una mano sola, con la destra o la sinistra, con un braccio penzoloni o il foglio piegato, avvolto, la pagina accartocciata, sono indicazioni negative, disprezzo per vivere solo, privo della compagnia di una donna, con varie accentuazioni e sfumature; gettare, poi, l'oggetto nei rifiuti manifesterebbe chiaramente biasimo per essere inutile, buono a nulla.

Altrettanto significativo risulta il buttare una bottiglia vuota, segno di non essere in grado di trasmettere il seme o incapace di produrlo.

Sembrano vicende di marziani, lunatici, figurabili in un mondo surreale, osservando le comunicazioni in un tale forma insolita, curiosa.

Del resto anche i messaggi risultano ambigui, con senso incerto, equivoco.

E quale sarebbe, poi, l'interpretazione corretta? Perché questo strano meccanismo?

Appare un gioco ripetitivo di pose, gesti, indicazioni da cogliere, compiere all'istante; quindi compresi, pur nell'oscuro significato, per agire con rapidità, appena avvistati.

Paolo è sottoposto a una serie di avvertimenti, condizioni, per acquisire la disponibilità della fanciulla, e a conseguenze negative se non li segue.

Il meccanismo si ripropone in tutte le attività progettate, in ogni iniziativa, in quanto dovrebbe svolgere prima l'azione suggerita.

Infatti, s'imbatte nelle particolari segnalazioni quando acquista un giornale, entra in un negozio, compie una passeggiata; mentre dovrebbe recarsi immediatamente da Elisa per realizzare l'amplesso!

D'altro canto, dovrebbe alzarsi presto la mattina, essere veloce nello sbrigare commissioni, scegliere la via più breve negli spostamenti, essere rapido nei viaggi, non farsi mai sopravanzare, stare sempre davanti ... onde acquisire credibilità, merito, per poterla conquistare.

Ma chi sono questi personaggi per imporre direttive?
Quali propositi nascondono nel pretendere determinati comportamenti, per acconsentire od ostacolare un rapporto affettivo?
Inoltre, fatto sconcertante, dovrebbe realizzarlo senza conoscere le intenzioni, i desideri della ragazza, senza sviluppare la relazione.
Quali trame occulta questa tormentata, ambigua vicenda?!
Hanno imbastito un meccanismo inestricabile, un labirinto di giochi, condizioni, evenienze, un castello misterioso d'indizi, cenni, mosse, intenti, senza chiarire, senza spiegare.

Paolo accennava ad amici degli strani eventi, ma nessuno osava consigliarlo e ancor meno suggerire azioni, aiutarlo a capire le singolarità.

Gli sembrava di fantasticare, di non trovarsi di fronte a fatti reali, concreti.

- Ma questo intreccio, non si potrebbe chiarire? - chiedeva a Giovanni.

- Paolo, devi renderti conto della realtà, si vede che non è possibile.

Altre volte non otteneva risposta, cercavano di sviare, evadere.

- Cosa ne pensi della faccenda? - rivolto a Giuseppe - vedo segni, gesti, riferimenti a Elisa, ma non riesco a parlarle, comprendere la situazione? Come mai?

- Ma che dici? - rispondeva imbarazzato, a disagio

- Non capisco, non so a che cosa ti riferisci! - e si allontanava, lasciando Paolo amareggiato, in preda ad angustia.

Tentò di convincere Alberto a risolvere l'enigma:

- Come mai non si fa vedere? Impediscono di incontrarla, rimproverano se telefono? Quando la cerco a casa, i parenti mi sgridano, minacciano violenze, rispondono con parolacce!?

- Devi attribuire alla vicenda - suggeriva - il valore della metà, credibile per un cinquanta per cento, solo questo è reale, certo!

- E' mai possibile che non si riesca a definire la questione? Che non ci si possa intendere? - ribatteva Paolo.

- Si vede che non ha piacere, non vuole, o che non è in grado di esprimersi, si lascia condizionare.

 - Come mai continuano i segni, gli strani messaggi, a volte gesti con palese riferimento all'atto sessuale?

- Evidentemente non ha modo di liberarsi dall'intreccio, rimane coinvolta, potrebbe essere sottoposta a pressioni e non riesce a svincolarsi - precisava Alberto.

Agostina, un'amica conosciuta da lungo tempo, gli aveva consigliato saggiamente:

- Devi pure immaginare un'astuzia femminile, studiata per verificare l'interesse, stimolare l'attenzione di qualcun altro per ingelosire.

Poi, concluse con estrema sincerità:

- Se non si fa vedere, non ti chiama, non osare entrare nell'abitazione! Dopotutto non sei sposato, cosa costa a lei farsi avanti, mostrarsi in modo aperto, se desidera concepire un figlio con te? Non introdurti in casa senza essere invitato, saresti un bruto!

Paolo non gradiva l'ambiguità, non era convinto dei semplici segnali, senza il rapporto diretto con Elisa, senza la conferma delle intenzioni, del presunto affetto suggerito.

Al contrario, si è scontrato, più volte, con l'ostilità dei genitori, dei parenti, dimostrata con parole esplicite, atti d'intolleranza.

Paolo si è sempre comportato nei modi consueti, usuali, per entrare in contatto, sviluppare relazioni con ragazze.

Quando capitavano conoscenze di particolare
attrattiva, interessanti, tentava l'approccio,
cercava d'intrattenersi, imbastire il dialogo,
proporre un appuntamento, escogitava un modo
per rivedersi.

Ha pure realizzato rapporti significativi,
sviluppato amicizie, anche approfondite.
Ha manifestato affetto a numerose ragazze,
alcune amate con intensità, coinvolto con piena
partecipazione, viva passionalità.

Non è riuscito a incontrarne una rispondente alle
sue aspettative, colta, perspicace, stimolante, da
convincerlo a formare famiglia, a crescere figli.

Ora, non comprende le ragioni del groviglio,
della confusa ragnatela in cui è avviluppato, del
percorso irto di ostacoli, delle oscure, ingannevoli
insidie frapposte nei tentativi di avvicinare una
donna.

Dopo tutto, pensa, Elisa potrebbe scherzare,
tessere giochi maliziosi come una ragazzina; forse
non riesce, non vuole esprimere le intenzioni, o,

magari, non sa liberarsi dai condizionamenti, dai vincoli intrecciati.

Non è certo che rappresenti la dolce, tenera fanciulla prefigurata nella mente con il desiderio; in fondo, lei potrebbe anche dipanare l'ambiguo intrigo.

Le sensazioni sessuali sorgono alla vista, con la presenza, l'incontro diretto; l'intesa si raggiunge conoscendosi, sviluppando un dialogo aperto, sincero, leale.

Manifestando i sentimenti diventa possibile conseguire un rapporto valido, esprimere amorevolezza con spontaneità, stimolare la partecipazione in forma piena, condivisa.

Non avrebbe senso compiere atti avventati, inconsulti, per avvicinare la ragazza senza appurare le sue aspirazioni, la disponibilità, la consistenza dell'affetto.

Paolo non ha modo di percepire l'attendibilità della relazione; può solo sperare, desiderare.

Senza il rapporto diretto, con i parenti contrari, non riscontra alcun motivo sensato per protendersi, rischiare, avventurarsi in passi discutibili, comunemente disapprovati.

Non può sviluppare i contatti nei modi usuali, non può dialogare, cercarla a casa, chiamarla al telefono, non gli è consentita alcuna forma per entrare in relazione, non ha corrispondenza, non conosce le ambizioni, i desideri di Elisa.

Nonostante la spinosa vicenda, provata da angustie e malignità, Paolo ha conservato la profonda aspirazione d'amare una donna piacente, di realizzare un rapporto amoroso autentico, spontaneo, sincero.

Fosse anche un sogno, un'ambizione difficile, impossibile, da raggiungere, tuttavia, l'anelito e la speranza conferiscono un incentivo alla vita, attribuiscono uno scopo, animano lo spirito per trasmettere, infondere gioia, compiacimento dell'esistenza.

Osservando le condizioni in cui si sviluppa, la vicenda risulta paragonabile alla vita svolta secondo la legge della giungla, nel rapporto tra predatore e la preda.

Richiede d'agire secondo l'istinto di sopravvivenza, con aggressività, sopraffazione, per appagare i bisogni primari; ritenendo l'attività sessuale alla pari della fame, della sete, come è vissuta dagli animali.

E' un comportamento spinto unicamente dagli stimoli, dagli impulsi fisiologici, senza le caratteristiche che differenziano l'essere umano dalle bestie, senza considerare la mentalità, i costumi, le abitudini, la ragione, le regole, la morale.

Un modo d'agire non mediato dalla cultura, dai criteri, dal concetto di buon senso diffuso nella società civile.

D'altra parte se taluni esseri umani preferiscono agire in modo bestiale, paragonabile alla legge della giungla, significa che nella società emerge, ancora, una concezione del vivere poco civile, senza rispettare le norme sociali, rifiutando le

regole di pacifica convivenza.

Erotismo maliardo o perfida malizia?

Paolo, compiuto il ciclo di studi in collegio, decise di inserirsi nell'attività artigianale del padre.

Si sentiva stimolato nel contribuire al sostegno della famiglia e a collaborare allo sviluppo dell'azienda.

Presto, però, l'entusiasmo percepito nei primi anni, incominciò ad affievolirsi.

La pratica quotidiana, la monotonia delle operazioni ripetitive, i conflitti sul lavoro con il fratello, talvolta anche con il padre, lo scoraggiavano, offuscavano l'armoniosa atmosfera prefigurata nella fantasia.

Avvertiva una profonda inquietudine, un senso di manchevolezza, non conseguiva la soddisfazione ambita.

Era motivato, ma non acquisiva un'appagante gratificazione da spronarlo a superare i disguidi, il confronto di opinioni, e sentirsi pienamente coinvolto.

Aspirava a un lavoro di maggior impegno nelle finalità, magari con un indirizzo sociale, dedicarsi a migliorare i
rapporti fra i cittadini e le istituzioni.
Un compito nel quale esprimere meglio le qualità, sentirsi utile alla popolazione.

Durante il servizio militare, ebbe modo di riflettere a lungo sullo stato e, al congedo, decise di riprendere la scuola.

Frequentò un istituto serale per conseguire il diploma, poi s'iscrisse alla facoltà di sociologia.

Questo genere di studi gli permetteva di scoprire gli elementi fondamentali che guidano le persone nella vita, che costituiscono la società, la nazione, la struttura dello stato.
Poteva scandagliare le principali motivazioni che stimolano gli esseri umani nella loro esistenza.

Si applicò alla conoscenza della sociologia, della psicologia, del diritto; approfondì l'economia, le dottrine politiche fino a conseguire la laurea in sociologia del lavoro, svolgendo la tesi su "Il concetto di alienazione nelle scienze sociali".

Allora, manifestava interesse alle ragazze nelle forme usuali.

Cercava di conoscerle con approcci, contatti diretti; dedicava particolare riguardo alle più attraenti nell'intento di proseguire il rapporto, rivedersi, stabilire un appuntamento.

Desideri che sviluppava nelle forme comuni, consuete.

Quanto alla professione, tendeva ad accrescere la competenza esercitandosi in svariati settori.

Accettò di occuparsi in un magazzino di tessuti, in un negozio di mobili, in una grande industria elettronica, anche in un ospedale.

Infine trovò impiego in un ente pubblico che si occupava di tempo libero.

Organizzavano soggiorni, viaggi, rassegne teatrali, musicali, campionati di sci, di tennis.

Un'attività interessante, svolta a contatto con circoli ricreativi, cral aziendali, ma in forma limitata, circoscritta agli organismi collegati, all'area di competenza, non pienamente aperta al territorio, con una partecipazione libera e diffusa.

Alcuni anni dopo, si avviava il processo di decentramento dello stato, e i compiti dell'ente, con il personale, sarebbero passati a regioni, provincie e comuni.

Paolo desiderava inserirsi negli organismi periferici.

Assegnato al nuovo ente, rimase per alcuni mesi; poi, per ragioni oscure, lo rimandarono al gioco pronostici.

In precedenza, aveva accettato lo spostamento con la certezza di rimanere per un breve periodo; erano in attesa del decreto di scioglimento per collocarsi nelle strutture decentrate.

L'inatteso ordine di ritornare lo sconvolse.

Rimase sconcertato, profondamente scosso.

Si rifiutò di eseguirlo e decise di ricorrere in tribunale.

L'esito dell'organo regionale, però, fu negativo. Mentre, una decina di anni dopo, la sentenza di quello nazionale riconosceva l'eccesso di potere. Ormai, dopo tanto tempo, non riuscì a mantenere l'impiego, e, neppure, a riprenderlo in un secondo momento.

La sua vita, da allora, incominciò a subire strane ripercussioni, delle conseguenze inspiegabili. Incorreva in frequenti ostacoli, impedimenti, senza alcun valido motivo; non comprendeva la ragione.

Avvertiva contrasti in qualunque iniziativa. Sconosciuti che lo consigliavano con indicazioni, suggerimenti, che tendevano a imbrigliarlo, a dirottarlo verso altri indirizzi, ad azioni in conflitto con i suoi ideali, la formazione.

Anche le relazioni femminili assumevano espressioni strane, sviluppi confusi, non spontanei.

Apparivano artefatte.

Amelia era particolarmente attraente, il viso roseo, i lineamenti regolari, il seno prosperoso, invitante.

Paolo si sentiva stimolato a conoscerla, ad approfondire il rapporto, ma al primo incontro, si sentì come un estraneo.

Gli raccontava di situazioni imbarazzanti, inconsuete; non sapeva come rispondere, non riusciva a sviluppare il dialogo:

- Sai, sono stata al colloquio di lavoro alla ***, la conoscerai, è un'agenzia investigativa di prestigio. All'improvviso, il titolare chiuse tutte le porte, voleva impressionarmi, incutermi soggezione, in realtà desiderava ... possedermi.

Non proseguì per chiarire la vicenda, indicare come fosse riuscita a liberarsi dal tentativo di aggressione.

Paolo rimase sorpreso, ammutolito per la pericolosa avventura, ma non osava chiedere spiegazioni.

Indirizzò il dialogo sulle caratteristiche del lavoro, sui compiti da svolgere, i requisiti necessari per ottenerlo.

Lei, al contrario, cambiò argomento, non aveva intenzione di aggiungere i particolari.

Al secondo incontro, espresse una confidenza singolare:

- Sai, mi sono accorta che gli abiti del guardaroba erano diventati stretti. Ho pensato di rivolgermi a una dietologa. Però potevo farne a meno, è sufficiente controllare l'alimentazione per ridurre il peso, per rimettermi in forma.

Esprimeva delusione, amarezza, per essersi consigliata con una specialista, come avesse speso soldi inutilmente.

Paolo si premurò di rassicurarla:

- Ma non sei abbondante, sei morbida, hai una bella figura, io ti trovo carina, attraente!

La volta successiva manifestò le intenzioni in una forma ambigua, sgradevole; non si capiva se fosse il modo naturale di esprimersi.

Gli rivelò con estrema franchezza:

- L'altra sera ho conosciuto un avvocato, una persona distinta, un professionista di successo, mi ha invitato a cena; è stato garbato, affabile, l'ho trovato interessante, mi piace!

Una descrizione che suscitava imbarazzo, come volesse alludere "E' meglio di te, lo preferisco".

Non avvertiva la necessità del dialogo, di esprimere le aspirazioni, non si preoccupava di spiegare, chiarire il rapporto, nulla.

Paolo le telefonò diverse volte, ma, immancabilmente, rispondeva:

- Non ho tempo, non è possibile vederci.

Anche Anna, mora, il viso grazioso, un corpo ben modellato, il seno stimolante, interruppe la relazione in modo laborioso, attribuendo come un senso di compensazione.

Al primo contatto Paolo si sentiva eccitato, premuroso, si prodigava con attenzioni, esprimeva il piacere della compagnia, provava attrattiva.

Si scambiarono idee, progetti, discutevano degli interessi, delle ambizioni.

L'incontro si era svolto in modo soddisfacente e, al momento del commiato, preferì mostrarsi garbato, gentile.

Si limitò a un tenero bacio sulla guancia, con delicatezza, senza protendere le mani, senza gesti invadenti; però, nel medesimo istante, percepì un cenno di delusione sul suo viso.

Forse, pensò, avrebbe gradito un abbraccio passionale, essere accarezzata, stretta con vigore, espressioni affettive più vivaci.

La chiamò nuovamente per rivedersi, ma gli rispose con un senso di rivalsa:

- Sai, ho conosciuto un ragazzo alla fermata dell'autobus, lo trovo piacevole, interessante, ci stiamo frequentando; credo di aver trovato la persona giusta, lo auguro anche a te!

Anita presentava un fisico eccellente, forme stimolanti, un aspetto giovanile, fresco, ma esternava una personalità alquanto ambiziosa, un atteggiamento artefatto, il tono della voce studiato, mellifluo.

Non appariva spontanea e gli provocava un certo disagio.

Ciò nonostante esercitava un'irresistibile attrattiva.

In spiaggia, con il bikini, mostrava un corpo delizioso, una figura splendida, ammirevole.

In un afoso pomeriggio d'estate, avevano deciso di compiere una passeggiata in campagna, in una zona disabitata.

Erano circondati da prati, arbusti, pianticelle, si tenevano per mano con affettuosa tenerezza.

Paolo, immersi in quell'oasi di pace, soli, nel raccolto silenzio della natura, percepiva un acceso desiderio di avvolgerla con le braccia, ... e la strinse a sè, baciandola con ardore.

Lei gradì l'amplesso e si abbandonò con desiderio, coinvolta, bramosa.

A un tratto, Anita allungò la mano in basso, verso il sesso, sprigionando un'intensa voluttà; fremeva di piacere.

Si produssero in una calorosa effusione sensuale. Poi, gli confidò, con estrema sincerità, la sua soddisfazione:

- Sai, ho gradito con molto piacere, mi hai concesso di toccarti, mi hai fatto partecipe di te, è stato gratificante!

Alla sera, lo invitò nell'appartamento, in città. Erano arrivati nella tarda notte. Avevano consumato la cena in una trattoria, lungo la strada.

Si diressero subito in camera.

Paolo la seguiva con cautela; entrando, scrutava il suo atteggiamento con apprensione.

Notò, con estremo piacere, che non poneva obiezioni ad avvicinarsi, entrambi, al letto matrimoniale.

Si spogliarono per infilarsi sotto le coperte.

A quel punto, si aspettava di trovarla disponibile, desiderosa del rapporto.

Si prodigò nel coprirla di baci e carezze sul viso,
sul petto, la sfiorava con passione lungo il corpo.
La tensione cresceva; si volse sopra di lei
nell'intento di conseguire la piena intimità,
compiere l'atto sessuale.
Invece, in quel medesimo istante, prese a
lamentarsi, a manifestare timori, paure; non
partecipava, si mostrava distaccata, fredda.
Non gradiva proseguire, lo frenava.
Deluso, dispiaciuto, a malincuore, dovette
interrompere il contatto amoroso.
- Mi fai star male, così! - si lamentò.
Lei non rispose, ma esprimeva, con civetteria
femminile, un malizioso sorriso.
Al mattino, la udì confidarsi, al telefono, con una
persona familiare.
Poi, si rivolse a Paolo:
- Scusa, ma ho bisogno di recarmi a ***, con
urgenza, per impegni patrimoniali, sono
inderogabili, non posso rimanere, devo partire
subito.

Lo congedò senza altre spiegazioni; non ritenne di chiarire il rapporto, di definire le aspettative.

Da allora, non riuscì più a entrare in contatto, non ebbe più modo di rivederla.

Paolo avvertiva una sensazione inspiegabile per questi incontri.

Gli sembrava intervenissero delle circostanze avverse ogni qual volta avviava approcci con ragazze carine, che lo stimolavano maggiormente. Sopraggiungevano misteriosi incidenti a bloccare, impedire lo sviluppo spontaneo della relazione, di potersi esprimere in forma naturale, serena.

Al contrario, con le figure meno appariscenti, doveva essere lui a interrompere il contatto; gli capitava di manifestarlo in modo diretto, esplicito, anche al telefono.

Riscontrava Enrica una ragazza riservata, colta, il viso pallido, non proprio armonioso, il naso accentuato, ma celava un seno stupendo, sostenuto, pieno, morbido.

Non appena la sfiorava, l'accarezzava con desiderio, slacciava i bottoni della camicetta, lei si scioglieva in un voluttuoso godimento, fremeva, emettendo un languido mugolìo che lasciava piena libertà all'amplesso.

Fu lei a chiamarlo varie volte al telefono. Paolo accettò un altro incontro per comunicarle, con sincerità, e un certo rammarico, che non intendeva prolungare la relazione, non si sentiva coinvolto, era attratto solo dal meraviglioso seno.

Luisa, invece, l'aveva cercato direttamente a casa, all'improvviso, senza avvertirlo.

Paolo si mostrò gentile. Accettò la compagnia per l'intera giornata, prefiggendosi di non esternare segni d'affetto per non illuderla. Intendeva convincerla che non provava stimoli sessuali; non sentiva nemmeno il desiderio di baciarla.

Voleva impedirle di coltivare aspettative infondate.

Alla fine, dopo ripetuti dinieghi, dispiaciuta, si persuase ad allontanarsi.

Di Claudia gradiva la disponibilità, le attenzioni premurose; ma lo infastidiva un vistoso neo sul labbro superiore, gli procurava un disagio che non riusciva a superare.
Lei si era resa disponibile a toglierlo, ma, in realtà, non era soltanto quello a frenare l'interesse.

Dopo alcuni incontri, decise di troncare il rapporto, lasciandola amareggiata, delusa.
Paolo non voleva ingannarla ulteriormente.

Milena esprimeva un'accentuata sensualità, un crogiolo di voglie, di libidine; nei contatti intimi, lo assaliva, non gli dava tregua, sembrava volesse prosciugarlo, ma era corpulenta, abbondante, lo eccitava il seno voluminoso.

Si trovò al telefono, diverse volte, a rifiutare altri appuntamenti.

Per Paolo rappresentavano vicende spiacevoli, angustianti, che lo impensierivano.

Il fatto di non trovarsi mai in sintonia, non condividere le sensazioni, i sentimenti, con le ragazze più aggraziate, di maggiore attrattiva, gli procurava un vivo rincrescimento, un'inquietudine preoccupante.

Gli sembrava di camminare su strade diverse, dialogare su differenti lunghezze d'onda.

Temeva di non riuscire a comunicare.
- E' mai possibile tutto ciò? - si chiedeva esasperato.

Nel frattempo, aveva ottenuto l'incarico per insegnare in un istituto statale.
Un'occupazione ambita, soddisfacente.

Trovarsi ad affrontare argomenti d'attualità, svilupparli, stimolare la partecipazione, rappresentava uno specifico impegno intellettivo che lo appassionava.
Inoltre, si vedeva attorniato da numerose ragazze, giovani, graziose, attraenti che lo solleticavano.

Viveva solo e immaginava di poter incontrare una compagna avvincente nel settore che offriva svariate opportunità per gradevoli incontri.

Conosceva colleghe simpatiche, piacenti, ma le riscontrava impegnate, anche con famiglia.

Tuttavia aveva fiducia di trovarne una disponibile, magari tra le allieve, per instaurare una relazione, costituire un rapporto amoroso, costruttivo.

Non osava esporsi, avventurarsi in colloqui compromettenti per timore di incorrere nei rimproveri di genitori, accuse di molestia, conflitti con la funzione, il ruolo, i colleghi.

In paese incontrava le figlie di conoscenti, avrebbe potuto trovare valide opportunità, forme più sicure per sviluppare contatti, con maggiori probabilità di realizzarli.

Gli succedeva di trovarle in luoghi pubblici, osservarle per la via, nelle riunioni, anche alla fermata dell'autobus.

- Ciao! - si rivolse un giorno a Valentina.

- Devi andare a casa? Vuoi un passaggio? Ti accompagno io, vieni!

- No, no, grazie, aspetto i miei genitori, vengono loro a prendermi.

Altre volte la rivedeva in paese e rinnovava l'invito:

- Vuoi venire con me? Andiamo a uno spettacolo, ti porto a visitare una mostra di pittura, dove preferisci, ti va?

Ma la risposta era sempre negativa.

Valentina era alta, prestante, con lunghi capelli biondi che scendevano, fluttuanti, oltre le spalle, un seno esuberante, il viso armonioso, una figura aggraziata, desiderabile.

Si mostrava gentile, affabile, alle proposte di Paolo, ma non accettava l'invito a rapporti confidenziali.

Aveva manifestato attenzioni anche a Elisa, una graziosa biondina con gli occhi azzurri, forme accentuate, un petto vistoso; non alta, il corpo morbido, sinuoso, sembrava un batuffolo di bambagia da accarezzare con delicatezza, affettuosità.

- Vieni con me! - le rivolgeva con premura - ti porto a casa, stiamo in compagnia, ascoltiamo musica, ti mostro le foto dei viaggi, vieni!
Ma non acconsentiva.

Esprimeva interesse a varie ragazze con il desiderio di riscontrare corrispondenza.

Nei brevi colloqui, otteneva considerazione, cortesia, gradivano le attenzioni, ma non manifestavano l'assenso per convenire a rapporti intimi.

Nessuna provava ad accompagnarsi a lui, a incontrarsi in luoghi riservati, ad appartarsi.

Avvertiva che le relazioni non avvenivano nelle forme usuali; non riusciva a sviluppare un dialogo sereno, trovarsi soli, in circostanze appropriate.

I contatti si svolgevano secondo determinati schemi: alla presenza di un adulto, in luoghi pubblici, comunque, sempre di fronte ad altre persone.

Aveva confidato a una religiosa il desiderio della compagnia di una giovane.

Essendo in età avanzata, si proponeva di conoscere il parere, sapere come interpretava la sua aspirazione, se la riteneva possibile, se avesse senso.

- Tu devi stare attento alle situazioni, agli incontri che capitano! - gli rispose in forma sibillina.

Un mattino, si era recato in un istituto di suore anziane per offrire una forma di collaborazione.

In attesa della superiora, aveva notato l'addetta alla portineria che segnalava, in modo palese, l'apertura di un libro, vistare le pagine, trattenere fogli con entrambe le mani.

Coglieva nei gesti le indicazioni osservate in altre circostanze.

Arrivata la responsabile, gli prese la mano, la strinse tra le palme con dolcezza, e pronunciò, in modo affabile, una frase di notevole efficacia:

- Si vede che il Signore le ha riservato un altro compito!

Sembrava una predestinazione: il messaggio di essere preposto a un progetto diverso dal costituire la famiglia.

Un sacerdote, invece, si espresse in modo vago sull'argomento, suscitando dubbi, incertezze:
- Tu devi vivere giorno per giorno! - come se non dovesse progettare il futuro, coltivare aspirazioni.

Forse, immaginava, intendevano riferirsi ai contatti improvvisi, casuali, alle particolari evenienze che succedevano.

Paolo non si capacitava che i rapporti si presentassero solo in quella forma.
Costretto a cogliere le opportunità sfuggenti, improvvise, nei modi e nei momenti in cui apparivano.

Si trovava coinvolto nello strano meccanismo, e doveva seguire la procedura prefissata.

Però, gli succedeva di non provare, sempre, interesse, attrazione, per le ragazze incontrate.

Ciò nonostante si pretendeva da lui piena disponibilità, vigile attenzione alle pur precarie presenze, altrimenti dimostrava di non gradire la compagnia femminile.

Avvertiva le conseguenze nei fatti, nei gesti, nei segnali, negli impedimenti alle iniziative, se non prestava la dovuta considerazione.

Era preoccupato, angustiato per le inconsuete, improvvise casualità.

Ma come sarebbe possibile, si chiedeva, instaurare una relazione seria, con l'intenzione di formare una famiglia con modi così, sfuggenti, incerti, frettolosi!?

Si rivolse a Nino:

- Ma le ragazze si prendono gioco di me, scherzano; una volta si presenta una, un'altra una diversa, poi ancora una terza, così all'istante, senza un dialogo, senza possibilità di approfondire le intenzioni, stabilire un appuntamento; poi, non accettano mai di rimanere in compagnia. Che cosa significa? Come dovrei comportarmi, come poter risolvere la questione?

- E' così! Devi prendere atto che i fatti si svolgono in questo modo! - esclamava.

Giovanni invece fu più esplicito, diretto:

- E' una forma come un'altra per convincerti a lasciar perdere, per allontanarti; tu le cerchi giovani!

Per Paolo fu come una doccia fredda; la risposta troncava ogni interrogativo, incertezze, dubbi, negava le sue ambizioni.

Non la gradiva. Non si dava per vinto.

Sentiva, dentro di se, un profondo desiderio di trovare una giovane graziosa, accarezzare il corpo morbido, manifestarle affettuosità, tenerezza, godere piacevoli intimità.

Intuiva la probabilità di cullare un'illusione. Tuttavia era convinto che le fantasie possono contribuire a stimolare, conferire maggior senso alla vita.

Gli apparivano atteggiamenti ironici le mamme con i piccoli tra le braccia, come volessero deriderlo perchè non s'impegnava a generarli, non dimostrava quell'acceso ardore che stimola ad amare ragazze giovani, piacenti.

Pure nei viaggi, durante le vacanze, gli capitava di imbattersi in attraenti fanciulle che lo invitavano al contatto con segni, gesti, atteggiamenti disponibili.

Paolo si soffermava a salutarle, a conversare, si offriva di accompagnarle, recarsi in luoghi riservati, ma non otteneva il consenso.

Succedeva come in paese, doveva comportarsi nel medesimo modo: cogliere l'attimo, l'occasione apparsa nella determinata forma.

Però, non capiva quale fosse quella opportuna, confacente, per intervenire e come agire.

Alla fine, a malincuore, si convinse di ritenerla una maliziosa ambiguità, studiata di proposito, per dimostrare che non aveva l'età adeguata.

Malgrado ciò, non gli dispiaceva illudersi che qualcuna avesse timore di manifestare apertamente le intenzioni affettive.

Non erano comunque evenienze chiare, praticabili, per un rapporto amoroso serio, per

costituire famiglia, con la responsabilità di
crescere figli.

Pure in luoghi di culto gli succedevano momenti
di vigile attenzione, istanti da cogliere
all'improvviso con uno scatto, da afferrare
nell'immediato.

Se poi non agiva con prontezza, rispondendo alla
forma presentata, svaniva la possibilità di
contatto, diventava inutile riproporre l'approccio.
Non gradivano o tacevano.
Talvolta, rispondevano in modo brusco:
- Ma che cosa vuole? Chi è lei? Non la conosco!
Oppure:
- Mi lasci in pace, non m'infastidisca, voglio
rimanere sola!

Avvertiva, a seguito del disaccordo, segni di
contrarietà da parte di altre giovani, di persone
adulte presenti, come se le molestasse.

Tuttavia, quando riusciva a intervenire nel
momento opportuno, non succedeva nulla di
quanto si aspettava; la ragazza non lo seguiva,
non accettava la compagnia.

Ma allora che significato potevano nascondere queste fugaci occasioni?

Rappresentavano giochi, schermaglie di seduzione? Semplici gesti per attrarre? Intriganti malie femminili?

Vicende che gli procuravano tensione, ansia, incertezza sul modo di comportarsi, d'intervenire, sul senso da attribuire alle evenienze.

Ma il fatto più indisponente dello strano meccanismo, delle trame maliziose, consisteva nell'essere di dominio pubblico. I casi si verificavano sempre alla presenza, alla vista di altri.

Sembrava che Paolo dovesse manifestare, far conoscere a estranei l'interesse, l'affetto, il desiderio nei confronti di questa o quella giovane donna.

Forse, si pretendeva che fosse lui stesso a prendere l'iniziativa, mostrarsi intraprendente, aggressivo, rivolgersi, in forma diretta, con un approccio spinto, abbracciarle, stringerle, in pubblico, compiere atti di passione senza preliminari, in modo avventato, prevaricando.

E' una vicenda subdola, odiosa, perfida, una provocazione imbastita da malvagi, da menti perverse, con scopi ingannevoli, per propri interessi, ricavarne vantaggi personali, denigrarlo nella società.

La relazione amorosa tra un uomo e una donna è un fatto personale, riservato, invece la sua, pur come semplice proposta, e presunta, era diventata di dominio pubblico.

E' increscioso che sconosciuti pretendano di intromettersi in una vicenda affettiva, approvare od opporsi a un rapporto, imponendo, poi, di svolgerlo in un determinato modo.

Ingerenze che negano la libertà personale, ostacolano le scelte spontanee; sono intrusioni illecite nella riservatezza privata.

Non sono espressioni di una società civile.

Dimostrano una mentalità gretta, meschina, involuta.

Manifestano l'incapacità di distinguere quello che è personale, individuale, da quanto è comune, pubblico.

Non conoscono, o si rifiutano di considerare, il concetto di libertà della persona, nel senso di cogliere la differenza tra le azioni che non interferiscono in modo diretto nella società, da quelle che riguardano o possono intaccare l'interesse collettivo.

Giustizia con segni e pregiudizi

Quando una persona assiste a eventi improvvisi, fatti inaspettati, tende a reagire d'istinto con espressioni spontanee, immediate.

Compie particolari movimenti, atti, che manifestano le sensazioni del momento.
Atteggiamenti, conformazioni del viso, posture del corpo, assunte con naturalezza.
Gesti compiuti anche con le mani, mettendole fra i capelli, dietro la nuca, muovendo le gambe, i piedi.

Segni, forme, tratti, però, che possono anche essere composti volutamente, studiati di proposito, attribuendo un significato specifico con scopi, finalità, motivi reconditi.

Si vuole, cioè, sottoporre all'attenzione un caso, una situazione, un comportamento sgradito, un personaggio, per fini propri, magari per influenzarlo, esercitare pressione, imporre delle condizioni, manipolarlo per interessi privati.

Paolo era completamente all'oscuro di questa strano modo di comunicare.

L'aveva avvertito, per la prima volta, nella scuola, a contatto con allievi e colleghe.

In seguito, si accorse che i segni, il più delle volte, erano rivolti a lui.

Osservava il gesto della mano destra, o della sinistra, scivolare sul fondo schiena, oppure l'indice sinistro o destro, messo di fianco al naso, scorrerlo in basso, oppure indirizzarlo in alto; o ancora, ponendo l'uno o l'altro in posizione orizzontale, sotto le narici, per tirarlo a destra, a sinistra, o trattenerlo un attimo sotto il naso ...

Una serie di atti che, rivolti a una determinata persona, possono conferire, trasmettere, un significato di carattere sessuale: negativo nella maggior parte delle volte, altrimenti non ci sarebbe motivo per compierlo.

Un meccanismo di segni e atti descritti, dall'antropologo Desmond Morris, come un linguaggio universale diffuso nel mondo.

Risulta un sistema di comunicazione effettuato con le mani, i piedi, parti del corpo, con fogli di carta, auto, oggetti vari, come un segnale, un modo per sottoporre all'attenzione, criticare, intimidire una persona e, nel suo caso, indirizzarlo a un determinato rapporto.

La caratteristica del linguaggio non verbale consiste nell'ambiguità, nel dubbio, sul senso da attribuire all'indicazione, in quanto i segni possono anche essere semplici, spontanee, posture, movimenti istintivi del corpo senza alcun riferimento specifico; però se ripetuti in particolari circostanze, in determinate forme e diretti a un individuo preciso, rivelano la relazione e il significato.

Paolo voleva indagare, scoprire le ragioni intrinseche dei singolari gesti effettuati nei suoi confronti.

Immaginava riguardassero il fatto di vivere da solo e, ormai in età avanzata, la ragione per non aver preso moglie.

In realtà, il colpo avverso subito nel pubblico impiego con il trasferimento, contro volontà, gli aveva provocato un lungo periodo di depressione, uno stato di malessere durato anni, che gli impediva di sviluppare relazioni serene, fruttuose, con donne.

Subentrava, però, un altro motivo per pensare male, come l'avvertimento ricevuto dal sindacalista:

- Non vuoi andare all' *** ? Te ne pentirai amaramente per tutta la vita!

Forse l'ammonizione prefigurava spiacevoli conseguenze per la rinuncia a presiedere l'ufficio, in quanto, si poteva supporre, non fosse in grado di dirigerlo.

In realtà, le considerazioni di Paolo erano varie, ben diverse.

Soprattutto non era il genere di lavoro che ambiva.

La prima volta l'aveva accettato, convinto che fosse per un breve periodo; inoltre, per lui, rappresentava un'indagine diretta a conoscere le difficoltà del personale trasferito.

Aveva espresso chiaramente di non essere interessato al ruolo. Aspirava a un impiego confacente alla preparazione professionale, ad attività intellettive che lo impegnassero maggiormente con il pensiero, lo studio.

Soprattutto, temeva di imbattersi in situazioni ambigue, di finire coinvolto in ricatti, possibili (e comuni) in certi settori.

Inoltre, non era ben accetto al personale e, in un lavoro di grave responsabilità, la fiducia e l'armonia tra gli addetti è determinante per il buon esito delle operazioni.

Il compito direttivo, nel pubblico impiego, appariva frustrante, limitato da una miriade di regole, disposizioni, circolari, che, alla fine, complicavano la funzionalità e, a volte, finivano per favorire i negligenti, rendendo ancor più difficoltoso il compito.

In pratica non era paragonabile al rapporto tra imprenditore e dipendente nella piccola azienda artigianale quale aveva sperimentato con il padre.

Sicuramente chi lo aveva rimandato non si preoccupava delle ragioni del suo rifiuto, mentre rappresentava un vanto accusarlo d'incapacità, inadeguatezza, per meglio coprire le malefatte perpetrate per interessi di alcuni, per benefici, vantaggi, a favore di altri.

Inoltre non si sono curati che la decisione fosse in contrasto con specifiche disposizioni di legge.

La democrazia, il sistema di governo fondato sulle regole uguali per tutti, non sempre è gradita a chi è oltremodo ambizioso, magari con tendenze al dispotismo.

Paolo si accorgeva che le negatività prefigurate, come un avvertimento, lo accompagnavano ovunque: nei contatti di ogni giorno, nei rapporti con la pubblica amministrazione, nei luoghi frequentati dal tipo di persone che aveva tramato contro di lui.

Di conseguenza riteneva che anche le difficoltà riscontrate nell'insegnamento, nella scelta delle materie, nell'ottenere incarichi, l'indisciplina e i contrasti in talune classi, fossero provocate da quegli stessi gruppi, proprio con l'intenzione di ostacolarlo.

Il fatto stesso della telefonata, ricevuta qualche anno dopo essersi ritirato dalla scuola, suscita interrogativi, nasconde gravi responsabilità. Un'impiegata del provveditorato l'aveva avvertito che figurava nell'elenco degli insegnanti di ruolo per la cattedra di Filosofia e Psicologia sociale.

Anni addietro, aveva ottenuto l'Abilitazione seguendo l'apposito corso istituito, a suo tempo, dal Ministero.

Quanto alla famiglia, superata l'età giovanile, più opportuna per formarla, in seguito, diventa assai difficile trovare la compagna disponibile.

Ed è anche il motivo per cui, con ingenuità, rivolgeva l'attenzione alle allieve, illudendosi di riuscire nel proposito, senza rendersi conto dei conflitti, delle opposizioni che avrebbe suscitato.

In realtà, nella problematica sessuale, gli uomini si trovano spesso in contraddizione tra le pulsioni, l'istinto e le regole della società, per comportarsi in modo adeguato, condiviso dalla cultura, dalla mentalità comunemente accettata al riguardo.

Esistono consuetudini, norme non scritte, da rispettare, tenere in considerazione, come la differenza d'età, i rapporti fra consanguinei, il consenso nel corteggiare, nella relazione, nel compiere gli stessi atti.

Tuttavia persiste una particolare concezione che induce l'uomo, come la donna, a idee, azioni, spesso contrastanti e poco logici, osservate secondo i principi di libertà, pure definiti da leggi riconosciute dal genere umano.

Mentre il maschio, nonostante le affermazioni riguardo all'evoluzione del concetto sul ruolo maschile, dell'essere, delle qualità intrinseche e sulla parità fra i sessi, ritiene necessario mostrarsi forte, combattivo, intraprendente, per ben apparire al pubblico femminile;
anche la donna, pur riconoscendole maggiore elasticità nel ruolo, spesso conserva un'esuberante concezione della femminilità da aspirare, con estremo desiderio e gratificazione, a tenere in massima cura l'aspetto fisico, per evidenziare la figura sessuale in modo da diventare centro di attenzioni, elemento, motivo di rivalità e lotta fra uomini per raggiungerla e possederla.
Taluni ritengono perfino che il fascino femminile debba oltrepassare ogni prospettiva di vita, spingere a esprimersi oltre le convinzioni, l'etica, i principi morali, finanche delle stesse regole

comuni, sopravanzare ogni remora e indugio per avvicinare e conquistare la donna, affinchè l'uomo dimostri fino in fondo la sua peculiarità.

Questa forma di pensiero raffigura un comportamento paragonabile a quello dello stupratore che agisce d'impulso, assecondando l'istinto animalesco con immediatezza, senza alcuna mediazione culturale.

Poi viene condannato per aver agito, per l'essersi avventato, seguendo unicamente la pulsione, senza curarsi del consenso della sventurata.

Tuttavia appare una concezione ambigua, contrastante, in quanto l'atto manifesterebbe, comunque, lo stimolo irrefrenabile, l'effetto incontrollato dell'attrazione femminile; anche se, poi, viene accettato, gradito, solo in un rapporto consensuale, condiviso.

Di conseguenza, emerge la difficoltà maggiore, l'equivoco di comprendere il momento opportuno in cui possa essere accolto, in cui la donna sia accondiscendente.

Paolo si trovò, inspiegabilmente, coinvolto in questo discutibile, ambiguo, modo di pensare.

Inoltre si accorgeva che la pur strana, contraddittoria mentalità, riferita a lui, era ritenuta valida, ben accetta a molti, a individui semplici e, osservando le conseguenze sul piano dei rapporti sociali, pure a intellettuali, professionisti, benpensanti, nonostante riveli incoerenza, spregio dei diritti, della volontà, delle intenzioni dell'altra persona.

Occorrerebbe verificare se questo comportamento, controverso, equivoco, simile a un'aggressione, possa essere accettato, nei riguardi delle proprie figlie, sorelle, amiche.

Paolo era riuscito a sollevarsi dal grave stato di abbattimento, in cui era sprofondato da anni, con il valido supporto di specialisti, le vivaci relazioni con amici, e anche con lo stimolante impiego nella scuola.

Il fatto di trovarsi, ogni giorno, davanti a uno stuolo di graziose ragazze lo solleticava, gli acuiva il desiderio di formare famiglia, fino a coltivare l'illusione di poter convivere con una giovane donna.

E fu in questo periodo che si rese conto del meccanismo dei segni: quando lanciava sguardi di compiacimento alle allieve.

Scorgeva persone mostrare pagine, giornali, libri aperti; udiva squillare il telefono negli orari di uscita dalle scuole; osservava ragazze compiere gesti con fogli di carta, con le mani unite, come un invito a congiungersi.

E pur in età avanzata, spinto dal desiderio e incuriosito dalle segnalazioni, si sentiva spronato nel contattarle, rivolgere l'attenzione alle giovani del luogo, prospettando la compagnia di qualcuna.

In particolare, tentava l'approccio con una graziosa biondina.

Si soffermava nei luoghi che frequentava, lungo le vie del paese per intrattenerla, la cercava al cancello di casa; inviava mazzi di fiori, vasi composti con le qualità raffiguranti i colori degli occhi e dei capelli, le inviava lettere colme di parole affettuose.

Provava ogni mezzo per sollecitare la relazione.

Rivolgeva l'attenzione anche ad altre giovani, ma veniva immancabilmente respinto e, soprattutto, allontanato dai genitori.

Non riusciva a ottenere il consenso di nessuna, mentre si scontrava con l'opposizione manifesta, l'ostilità di adulti e ragazzi.

Questi tentativi, e le illusioni, si protrassero per qualche anno, fin quando ricevette denunce di molestia, e richiami dalle forze dell'ordine, che frenarono ogni ulteriore forma di approccio.

In vacanza, al mare, gli capitò una vicenda odiosa, sconcertante.

In seguito, riflettendo sull'accaduto, gli parve costruito di proposito per colpirlo, carpire soldi, imporgli una memorabile punizione.

In realtà, fu costretto ad affrontare ben due processi.

Paolo, dopo essersi svagato con un bagno rinfrescante, se ne stava ritto, sulla spiaggia infuocata, ad asciugarsi al sole in serena tranquillità.

Percepiva appena il lieve flusso delle onde frangersi sulla battigia.

Rivide la graziosa fanciulla, osservata in acqua, e le si diresse incontro.

All'improvviso:

- Ahhhhhh! - irruppe, nel torpore della calura, l'urlo lacerante di una donna che diffuse una straziante sensazione di paura.

In quel momento, i due bagnanti distavano ancora pochi metri e, forse occultati dal capanno del bagnino, erano spariti alla vista della madre, allarmata per le presunte insidie del vegliardo. Temeva il riproporsi delle lussuriose attenzioni dei vecchioni della Bibbia, nei riguardi della sua casta Susanna.

In un attimo Paolo si trovò abbrancato dal bagnino, stretto fortemente al collo e investito da parole furiose, violenti:

- Guai a te se tocchi la ragazza! Scostumato! Delinquente!

Immediatamente accorse la madre, premurosa di stringere tra le braccia la candida fanciulla per salvarla dall'amplesso libidinoso, urlando:

- Chiamate la polizia! Presto, fermate quel maniaco!

Poi si fece avanti il padre:

- Ora ti sistemo io, ti denuncio! Spudorato, molestatore!

Paolo ebbe la sensazione di trovarsi nel tentativo di un linciaggio senza comprendere la ragione.

Arrivò la pattuglia della polizia.

I militari raccolsero informazioni dai genitori, poi si rivolsero a lui, afferrandolo, bruscamente, per un braccio:

- Lei, su! Venga in commissariato con noi, non faccia storie perchè non è proprio il caso!

Senza chiedere spiegazioni, gli mossero un sentito rimprovero:

- Ma lei non sa come ci si comporta con una ragazza? Non usa le buone maniere? Ora sì che si trova in un brutto guaio!

- Ma io non ho fatto niente di male!

- Cosa? Stia zitto che è meglio!

Rimasero in silenzio fino alla stazione, dove era parcheggiata un'auto con il bagagliaio posteriore spalancato.

Lo fecero accomodare nell'atrio.

Rimase così, seduto, in attesa, per più di un'ora. Stavano interrogando la ragazza, diciottenne, in compagnia dei genitori.

A un certo punto, uscì un poliziotto:

- Si alzi, venga con me!

- Dove?

- Mi segua, dobbiamo prendere le impronte digitali!

- Come? - esclamò sorpreso, impensierito - Ma che cosa ho fatto di grave? Dov'è il commissario? Vorrei conoscere il motivo!

In quel momento, arrivò un giovane in abiti
borghesi:

- Sono io, che cosa c'è? Cos'ha da lamentarsi?

- Mi chiedono di lasciare le impronte! Ma io non ho
fatto niente, non ho commesso alcun reato!

- Guardi, se rifiuta, posso trattenerla e spedirla
direttamente in prigione!

- Beh! Allora, se è necessario, non posso
rifiutarmi.

Lo condussero in uno stanzino; inzuppato il rullo
nell'inchiostro, lo scorsero sui polpastrelli delle
dita per imprimerli, poi, sulla scheda.

Alla fine, lo indirizzarono in uno sgabuzzino con il
lavabo:

- Si pulisca! Ora può andare!

Paolo si sentiva umiliato.

Uscendo sulla via, in pubblico, provava un senso
di vergogna, camminava a testa bassa, avvilito;
non osava guardare in faccia le persone.

Era stato sottoposto a una procedura odiosa,
come un delinquente, senza neanche poter
esporre la sua versione dei fatti.

Tre anni dopo gli giunse la comunicazione del tribunale n. 676/03 R.G. G.I.P.:

"Reato p. e p. dagli artt.609 bis, 56 c.p., perchè con violenza, e segnatamente cingendo con le braccia e trascinando VM, compiva atti idonei, diretti in modo non equivoco a baciarla sulla bocca. Evento non verificatosi per cause indipendenti dalla sua volontà, per la resistenza opposta dalla persona offesa".

La falsa accusa veniva confermata dal bagnino che, con la sua testimonianza, convalidava la presunta violenza, peggiorando la posizione di Paolo.

L'avvocato SC lo invitò a pronunciare una dichiarazione davanti al Maresciallo di Polizia giudiziaria presso il tribunale del luogo:

- Si deve fidare di me - gli raccomandava - e soprattutto non deve pronunciare frasi come
- "E' un'assurdità, è un modo di agire che non farei o altro".

Paolo rimase sorpreso dal consiglio, sul senso delle frasi espresse come un'avvertenza.

Durante l'incontro, colse un ammiccamento tra i due.

Notò il militare compiere il gesto con il dito medio rivolto all'in su, mentre il legale anticipava la versione ambigua della vicenda, come intendesse convalidare l'accusa.

Paolo, invece, decise di raccontare fedelmente i fatti avvenuti.

L'avvocato non gradì la sua esposizione, non seguiva le sue direttive, si vide scavalcato, e, stizzito, si alzò.

Erano entrambi seduti alla scrivania, davanti al militare.

Messosi in piedi, e, rivolgendosi all'appuntato, s'infilò, con estrema difficoltà, tra il tavolo e Paolo, mostrandogli la schiena.

Un comportamento sgradevole che mise in imbarazzo Paolo, lo allertava per eventuali, ulteriori, conseguenze negative relative al processo.

In seguito, per il gesto odioso e l'equivoca impostazione della difesa, decise di ricusarlo e proseguire la causa con un altro.

La situazione, comunque, appariva complicata, la sede lontana, la falsa testimonianza, il procedimento poteva protrarsi a lungo e diventare troppo oneroso.

Decise di non partecipare all'udienza.

Dopo tutto gli veniva contestata un'azione ... in fondo ... non molto grave; traeva motivo per confidare nel difensore del posto e nel buon senso del giudice.

Con sentenza n.562 del 3.12.03 venne condannato al:

"la pena di anni uno di reclusione, concessa l'attenuante della minore gravità del fatto ... Concede la sospensione condizionale della pena".

Qualche mese dopo, i genitori della ragazza pensarono di chiedere il risarcimento dei danni, con R.G.N.3986/04.

LC, l'avvocatessa di Paolo, lo rassicurava:

- Si sono rivolti al giudice di pace, significa che non hanno intenzione di pretendere una cifra elevata.

Però non si preoccupava della sua innocenza, del fatto che veniva sottoposto a un altro processo per una falsa accusa.

Forse, lui immaginava, non credeva neppure alla sua versione dei fatti per solidarietà femminile ... preferiva parteggiare per la giovane.

Davanti al magistrato, una pacifica signora, in età avanzata, vide che lo scrutava con un senso di rimprovero, mentre compiva un gesto insolito: appoggiò l'indice destro, all'angolo dell'occhio, vicino al naso, e lo fece scivolare in basso, sulla guancia.

Indicava lo scorrimento di lacrime.

Avevano intenzione di farlo soffrire; era il preavviso di una richiesta onerosa.

Infatti, gli avvocati della ragazza, un signore e una giovane, che, trattenendo i documenti con entrambi le mani, li batteva ripetutamente sul tavolo, discutevano sulla somma da definire.

Si consultavano tra loro, poi si rivolgevano al giudice, che, a sua volta, preoccupata di stabilire un importo soddisfacente, guardava la giovane, per verificare l'assenso.

Non prendevano in considerazione altro, erano presi unicamente dalla sollecitudine di gratificare la loro assistita.

A un certo punto, intervenne anche LC, impensierita per i suoi interessi:

- Ma ci sono anche le mie spese!

Senza accennare alle condizioni del suo cliente.

Allora, Paolo, risentito, sdegnato, interruppe bruscamente le discussioni:

- Scusate, volete stabilire la somma che dovrei risarcire, ma io non intendo sborsare proprio nulla, non ho commesso alcun reato, sono accusato di un atto che non ho compiuto, è tutto un'invenzione!

Poi, rivolto a VM:

- Certo, per i soldi si può anche trascurare la verità e sostenere ben altro.

Dopo queste affermazioni, espresse in modo convinto, le persone che componevano il processo rimasero interdette, ammutolirono.

Solo la giovane, che difendeva la ragazza, cercò di pronunciare delle parole per tutelarla.

Intervenne, però, il giudice che decise di interrompere la procedura e aggiornarla a una data da stabilire.

Usciti dalla stanza, in cortile, LC si mostrava sdegnata e si sfogò con la giovane assistente:

- Ma è proprio un maleducato!

A suo parere, Paolo avrebbe dovuto acconsentire alle richieste senza nulla opporre, come se avesse avuto piacere di versare soldi a una ragazza. Incurante delle sue parole, le si avvicinò:

- Allora, mi comunicherà gli sviluppi del processo, per ora la saluto!

E' pure curioso il modo di pensare che il fatto di sborsare soldi per una donna rappresenti un gesto di amabilità femminile, mentre pagare la parcella

per un avvocato di sesso maschile, dimostrerebbe
il contrario.

Ed è appunto quanto avvertiva da parte di LC, la
professionista che lo difendeva, con i segni
espressi, quando le versava i soldi per i legali
maschi, interpellati da lei per le cause penali di cui
preferiva non occuparsi direttamente.

La richiesta del risarcimento venne respinta con
sentenza n. 416/05.

Ma Paolo, da allora, incominciò a riflettere
sull'ambiguo comportamento, sugli scarsi,
inconsistenti, interventi dello studio legale in sua
difesa.

Nella vicenda emergono equivoci, ambiguità,
segni, tipiche espressioni del linguaggio non
verbale, con riferimento ai rapporti sessuali,
nell'intento di sollevare biasimo, maldicenze,
occultare i fatti veri e trarne utilità, per mire
subdole, intriganti, avvolte nel mistero.

Pur non avendo commesso alcuna azione

riprovevole, viene, ripetutamente, schernito,
osteggiato, per non assecondare la pretesa,
spontanea, irruenza della naturale pulsione
sessuale.

Non interviene con l'ardore, la passione
irrefrenabile dell'uomo prestante nei confronti di
una giovane ragazza.
Mentre dovrebbe prenderla con impeto,
stringerla con passione, baciarla con voluttà!

Appaiono chiare, espressive, le allusioni del
graduato con il gesto del dito medio, quelle
dell'avvocato nel volgere la schiena, nell'intento
di avvalorare la tesi dell'aggressione, pur falsa,
per supportare la foga dell'istinto sessuale e
dimostrare adeguata, debita prestanza.

Posizioni subdole, in contrasto con il rispetto
della libertà altrui, dei rapporti civili, del concetto
di parità fra i sessi che richiede, tra l'altro, un
approccio garbato e, solo se gradito, lo sviluppo
consensuale della relazione.

Paolo incorre in grave pericolo.

E' sottoposto a giochi ambigui, aggirato con meccanismi scorretti, equivoci, per indurlo, coinvolgerlo nelle trame composte.

Il metodo, seguito dai malintenzionati, procede su vari fronti, come un accerchiamento.

A parole, le persone interpellate sui suoi dubbi, lo sconsigliano, disapprovano l'approccio nei modi inconsueti, richiamandolo alla differenza d'età; mentre con i processi, viene condannato per semplici contatti, relazioni compiute nelle forme usuali, comuni, con ragazze.

Mentre, con i segnali ripetuti, le pressioni, le forme intimidatorie, viene incoraggiato, spinto, ad agire d'impulso, a prevaricare, irridendo il buon senso, le regole, i princìpi.

Nel contempo, fomentano maldicenze, gli contrappongono ostacoli, impedimenti, lo osteggiano nei progetti, perchè non asseconda l'inconsueto modo d'agire irruento, aggressivo.

Hanno pure inscenato false accuse per sottoporlo a procedimenti giudiziari!

Se osasse prevaricare, sarebbe inevitabilmente condannato come uno stupratore, imponendogli pene gravissime, come la paventata perdita della libertà comminata in precedenza.

Pochi anni prima, un atto non gradito, venne raccontato con forzatura per aggravare l'accusa.

Si trovava in vacanza sul lago, e aveva pensato di visitare il museo che illustrava i fondali, le caratteristiche del bacino.

Stava osservando la documentazione predisposta sul computer, a fianco della giovane commessa mentre chiariva lo studio svolto.

Nella penombra del locale, si sentì spinto dall'impulso e le sfiorò la guancia con le labbra, senza toccarla con le mani, nè in altro modo; lei, al gesto improvviso, reagì con un sussulto, impressionandosi, si mostrò turbata, infastidita.

Paolo rimase interdetto, dispiaciuto:

- Scusa, non intendevo angustiarti! - cercando di tranquillizzarla, preoccupato per il gesto inopportuno.

Lei si allontanò, senza rispondere, e ritornò all'ingresso.

Uscendo dalla sala, la vide conversare con una donna adulta in modo concitato.

Apparivano entrambe turbate; capì che discutevano della vicenda, ma non lo fermarono.

Più tardi, in albergo, fu avvicinato da un poliziotto:

- Scusi lei è *** ?

- Si, perché?

- Venga, ho bisogno di parlarle – si appartarono nella stanza vicina.

- Ha visitato il museo *** sul lago questo pomeriggio?

- Si.

- Vede, una ragazza ha presentato la denuncia contro di lei.

- Come? Per che cosa?

- Legga! - gli presentò il documento - l'accusa di averla baciata sulla bocca!

- Ma non è vero! Le avevo sfiorato leggermente il viso, non ho fatto altro; poi, mi sono scusato, non intendevo importunarla!

- Il mio compito è solo di consegnare l'atto da firmare, poi, potrà rivolgersi in tribunale per far valere le sue ragioni.

- Mi dispiace, ma non intendo sottoscriverlo, non è quello che ho fatto, non è vero.

- Guardi che commette un gesto grave, agendo in questo modo.

- Beh! Comunque non intendo convalidare una dichiarazione che non condivido, non descrive la verità, quello che è successo realmente.

- Se assume questo atteggiamento, dovrà confrontarsi nel processo.

Nella denuncia, avevano trasformato un semplice gesto, una sentimento d'affabilità, senza intenzioni maliziose, modi violenti, in un "bacio sulla bocca" per confermare la tesi dell'aggressione.

Paolo non si presentò all'udienza.

Ricevette la condanna di versare una somma considerevole al tribunale.

Fu tempestivo nel provvedere, tuttavia ricevette l'avviso di pagare la penalità altre due volte. Dovette recarsi direttamente alla vicina agenzia e presentare la ricevuta per risolvere la controversia.

E' inserito in un meccanismo subdolo che si sviluppa su ambiguità, maldicenze, impedisce, nega l'uso del buon senso, di osservare il comportamento nelle relazioni sessuali con i criteri comuni, secondo il concetto di parità tra l'uomo e la donna nei rapporti affettivi, nei contatti intimi.

In pratica, a Paolo non sono consentite le forme usuali per sviluppare conoscenze femminili, comunicare con donne, anche se si rivolge alle giovani con semplicità.

Ciò nonostante, non è ritenuto degno dei diritti civili, come si può rilevare, ed è stato ritenuto

fin'ora, anche nel processo sulla successione, in quanto celibe, senza prole, in contrasto con l'art. 3 della costituzione:
"Tutti i cittadini hanno pari dignità sociale e sono uguali davanti alla legge".

Aveva impugnato il testamento per rivendicare una quota maggiore, più equa, nei confronti dei fratelli, ma comprese, con la diffusa comunicazione non verbale, che non era considerato da magistrati e studi legali perchè solo, non ammogliato.
Un perito gli aveva suggerito apertamente:
- E' importante avere moglie, dei figli.
Per questo, gli vengono prospettate le occasioni per costituire famiglia, inscenando l'ambiguo meccanismo dei segni, per indirizzarlo alle ragazze, nonostante le varie accuse di molestia ricevute.

C'è da chiedersi come mai nessuno si era preoccupato dello stato civile, del fatto di essere solo, senza una propria famiglia, quando prestava servizio in Regione!.

Allora, aveva l'età adeguata per prendere moglie, invece pensarono di trasferirlo, di nuovo, alla gestione del gioco contro la sua volontà.

Paolo ricorda, a questo proposito, un fatto che contribuisce a svelare gli intrighi escogitati.

Un mattino, mentre si recava in ufficio, aveva scorto il direttore, un ex avanguardista, colloquiare con un funzionario, del vicino ente previdenziale, che era stato segretario di un'associazione di estrema sinistra.

In seguito, non gli fu difficile collegare la conversazione con l'intesa di rimandarlo alla precedente attività.

Ricevette conferma del raggiro dalla risposta, al telefono, del responsabile nazionale dei dipendenti che lo consigliava, con calma, con tranquillità, di rimanere per qualche anno; mentre Paolo era infuriato, sconvolto, per essere stato trasferito contro ogni sua aspettativa.

Aveva riscontrato lo stesso atteggiamento nei delegati sindacali di zona.

Non erano sorpresi dell'accaduto, mentre mostravano rammarico per il rifiuto, per i progetti disattesi, magari per interessi personali svaniti.

Riflettendo sull'inconsueto incontro dei due rappresentanti di parti politiche contrapposte, si possono dedurre alcune considerazioni significative.

A un sommario riscontro, le posizioni degli estremisti, alle ali di entrambi gli schieramenti, sembrerebbero inconciliabili, ma, approfondendo le idealità, le motivazioni di fondo, si scopre il punto di accordo.

Riguarda la concezione ideologica dello stato, la fiducia, da parte dei due movimenti, nel potere assoluto della massima entità di governo: la sinistra perchè contraria all'economia di mercato, al capitalismo, la destra in quanto riconosce, nello stato sovrano, l'unico valido detentore del giusto potere.

Una convinzione che suscita inquietudine, apprensione.

Intendono superare la monarchia, senza rispettare le specificità del governo democratico: la divisione del potere, le regole uguali per tutti.

In pratica, finiscono per consentire la sovranità a oligarchie, gruppi ristretti, personaggi maniaci del dominio, ritenuti interpreti dei bisogni della popolazione, del benessere dei cittadini, pur infrangendo i diritti dei singoli.

Nella vita, nel lavoro, nelle attività, s'incontrano persone con posizioni ambigue, subdole, che dimostrano, nella gestione, di agire aspirando al potere in forma assoluta, com'era un tempo quello del sovrano.

Non appena intravedono la possibilità, s'insinuano nelle relazioni nell'intento di conseguire, imitarne l'autorevolezza.

Parteggiano con ipocrisia per il metodo democratico, mentre aspirano ad acquisire la sovranità totale, per ottenere gli stessi privilegi che un tempo spettavano al monarca.

Sarebbe un volere sostituirsi al re unicamente per ottenere i benefici, un tempo aboliti come prerogative ingiustificate, invece di gestire il potere in modo democratico.

Gli estremisti ritengono valido sottoporre la popolazione alle forche caudine di uno stato totalitario, fagocitatore, imporre un egualitarismo piatto, stereotipato, che inibisce la libera espressione delle qualità personali in modo aperto, spontaneo, naturale.

Le accuse di molestia e aggressione, l'approdo in tribunale e le varie condanne bloccarono, definitivamente, in Paolo, ogni illusione di possibili relazioni con giovani donne.

Ciò nonostante, pur avendo trascorso alcuni anni senza commettere atti importuni, ricevette ancora una querela, aggravata dalla falsa accusa di violenza verso il padre, con la conferma dei parenti.

Paolo rimase allibito, sconcertato, non immaginava che quella ragazza pervenisse a tanto.

Rivolto all'avvocatessa:

- Ma ha firmato proprio lei l'atto?

- Certo, guardi pure!

Osservando i documenti, si ricordò del pomeriggio in cui era stato raggiunto dal genitore al parcheggio.

Paolo era solito, in settimana, compiere lunghe camminate rilassanti nel parco.

Gli conferivano distensione, uno stato di benessere, lo aiutavano a riflettere con pacatezza sulle frequenti vicissitudini che lo assalivano, ad affrontarle con serenità, determinazione.

Quel giorno, mentre usciva dall'auto, si trovò aggredito dal padre di PR:

- Ah, bene! Ora ti sistemo io, ti controllo veh! Guai a te, se importuni ancora mia figlia! La chiama con il telefonino! – e lo strattonava, cercando di malmenarlo.

Gli afferrò il mignolo della sinistra, lo stringeva
con forza, lo tirava come una furia, come volesse
strapparlo.

Paolo, meravigliato per l'improvvisa apparizione,
si sentiva imbarazzato, non sapeva come reagire,
cercava di difendersi, parare i colpi, contrastarlo.
- Ma che intenzioni ha? La finisca, è impazzito?
Non ho mai toccato sua figlia, la smetta con
questa stupida scena!

Leggendo la querela, si rendeva conto che la
ragazza aveva stravolto i fatti.
Con perfidia, accusava lui di aggressione al padre,
aggiungendo la documentazione di un
cardiogramma.

Rimase profondamente scosso, deluso.
Inoltre, aveva allegato, rendendole pubbliche,
tutte le lettere ricevute con le espressioni sincere,
teneri, d'affetto.

Si chiedeva:

"Ma come può nutrire benevolenza, provare affezione per me, compiendo tali azioni odiose, false, tradito nei sentimenti più intimi?"

- Sarà pur vero che l'ho molestata, - affermò con amarezza - ma non ho assolutamente usato violenza al padre, anzi, erano lui e gli zii ad assalirmi, investendomi con parole sgradevoli, lanciandomi contro oggetti, ogniqualvolta mi recavo davanti casa.

- Vede - muovendo un leggero rimprovero - avrebbe dovuto accusarlo lei, prima; ora, non si troverebbe in questa situazione!

- Ma come avrei potuto denunciare suo padre!? Non avrebbe alcun senso per me - rispose con fermezza.

Raccontò la vicenda a una persona stimata del paese che la convinse a ritirare l'accusa.

Dovette comunque sottoscrivere la dichiarazione di non avvicinarsi alla casa, non oltre un certo limite e versare, ancora, una penalità al tribunale.

Di continuo, per non assecondare le segnalazioni scriteriate, messe in atto da individui di ogni ceto sociale, di svariate origini etniche, viene calunniato, osteggiato nelle relazioni, biasimato nei procedimenti giudiziari.

E' come sottoposto a esami preventivi per valutarne la capacità, ottenere la qualifica, accampare i diritti di cittadino.

Anche l'avvocatessa, dopo i primi incontri svolti con la debita serietà professionale, aveva manifestato gesti con significato sessuale.

Un pomeriggio, arrivato nello studio, lo invitò ad accomodarsi, poi, gli rivolse la schiena, chinandosi a raccogliere un oggetto sulla sedia.

Altre volte, seduta alla scrivania, iniziava la conversazione rivolgendo indietro le maniche della camiciola; oppure ponendo l'indice della sinistra sotto il naso per tirarlo di lato; talvolta, quando versava l'assegno per un collega maschio, poneva la mano destra dietro la nuca o l'indice e il medio, a forma di V, sotto il naso, come per bloccare le

narici ... segni con esplicito riferimento al sesso,
dimostrando pregiudizi, pure a quel livello
professionale.

 Ancor prima, l'avvocato GC si era rifiutato di
presentare ricorso alla seconda, discutibile,
sentenza sul box, emessa dall'altro pretore, in
contrasto con quella precedente del collega.
- E' inutile spendere soldi! Noi abbiamo tentato di
ottenerlo per usucapione, ma, come vede, non è
stata riconosciuta.
- Non capisco perchè dovrei pagare l'affitto per il
periodo antecedente al giudizio! Il box lo
utilizzavo da anni, da quando era stato costruito! -
ribatteva Paolo contrariato.
- Dia retta a me, non vale la pena rischiare.
Piuttosto vediamo di proporre una cifra inferiore.
 Paolo, leggendo la copia, mise in evidenza le
date per esaminarle, cerchiandole con la matita,
in modo da confrontare i periodi con facilità.
 Notò, con stupore, l'avvocato sobbalzare sulla
sedia.

Non comprese il motivo della singolare reazione; forse, pensò, attribuiva un significato sessuale al segno rotondo.

Già allora erano incominciate certe allusioni. Un giorno, in attesa di parlare con il legale, osservò la collega dello studio aprire la finestra, posta sul giardino; si affacciò, protraendosi verso l'esterno, mostrandosi chinata, in modo da evidenziare il posteriore a Paolo.

In seguito, GC si oppose anche alla richiesta dei libri contabili dell'azienda Srl dei parenti, dai quali sarebbe emersa la gestione, in comune, congiunta, del patrimonio dell'impresa con i beni della famiglia.

Si sarebbe dimostrato, oltre alla cessione gratuita dell'attività, anche quella del terreno e dei capannoni utilizzati nel processo produttivo.

I rinnovati inviti di Paolo a consultare quella particolare documentazione, fecero inalberare l'anziano avvocato in modo tale da paventargli l'abbandono della tutela legale.

Non riusciva a comprendere il motivo della contrarietà, dal momento che avrebbe ricavato uno strumento che poteva risolvere la causa in nostro favore.

Più avanti, nello sviluppo dei rapporti processuali, l'avvocato di Paolo, PC, e GV del fratello, si erano accordati per ottemperare alle spese imposte dalla sentenza sul garage. Inspiegabilmente, trascurarono di provvedere in tempo debito.

Così intervenne NS, un quarto studio legale, a richiedere il pagamento, aumentando i costi oltre la cifra concordata; e, pur avendo incassato gran parte dell'importo, pretese il saldo senza sentire ragioni, fino a sequestrare l'auto di Paolo, non menzionando la somma ricevuta in precedenza.

In seguito, procedette al pignoramento della quota dell'immobile, aggiungendo altre spese a quelle già richieste, con documenti poco chiari, alcuni nemmeno pervenuti.

Paolo si trovò accusato di sottrazione del mezzo, senza essere il custode, pur avendolo lasciato a disposizione.

Durante il processo, concluso con sentenza n. 711/04, aveva notato, in fondo alla stanza, un signore che cercava l'attenzione del giudice, una graziosa signorina, per compiere il gesto di accarezzarsi la guancia destra con il palmo della mano.

Segnale di un presunto disinteresse dell'imputato verso il genere femminile.

Quanto all'immobile, gli giunse, dal tribunale, l'avviso della possibilità di sospendere il procedimento, indicando i termini e le condizioni da adempiere.

Il comunicato venne recepito da Paolo con l'illusione di una possibile verifica completa degli atti promossi dall'altro legale fino a quella data. Immaginava che il giudice intendesse controllare la regolare procedura, la legittimità delle operazioni e delle gravi spese che le avevano prodotte.

Era luglio, e la titolare dello studio era assente; si occupò della pratica la collaboratrice AT.

- Deve prima effettuare un bonifico per dimostrare la volontà di bloccare il pignoramento. Prenda! - pronunciò con tono imperioso, porgendogli un foglietto - annoti l'indirizzo della banca e il numero di conto corrente su cui versare l'importo di ***

- Ma il giudice - gli chiese con apprensione Paolo - valuterà le richieste dello studio NS, verificherà le voci che non ho potuto conoscere, e, magari, ridurre la somma?!

Ma AT, con viso severo, in modo burbero, non si scompose, non pronunciò una parola in merito:

- Quando l'avrà compiuto, porti la ricevuta, la consegnerò in tribunale per stabilire la data dell'incontro per fermare la procedura.

Davanti al magistrato AP, una signora robusta, di origini straniere, si rese conto di non poter attendere alcuna decisione positiva.

AT lo invitò a sedersi, di fronte, alla scrivania, a fianco della giovane dello studio avversario, mentre lei si accomodava dietro, defilata, per evitare di essere coinvolta, come se la faccenda non la riguardasse.

Il giudice si rivolse direttamente a Paolo, e, guardandolo fisso negli occhi, gli profferì, con un senso di rivalsa:

- Ho il potere e lo uso!

Da quel momento, con il senso, il rilievo attribuito a quelle parole, svanì l'illusione di una possibile verifica dei documenti presentati.

Si rese conto di trovarsi in una pericolosa situazione, di essere sottoposto a processo, nel pesante significato del termine.

Già AT, non aveva chiarito la ragione, il contenuto delle numerose spese contestate; inoltre, in quell'occasione, davanti al magistrato, non pronunciò una parola in difesa di Paolo; stava distaccata, in disparte, come se non le interessasse la procedura.

La rappresentante avversaria sciorinò un dettagliato elenco di spese che il magistrato, prontamente, digitava sul computer.

A ogni voce pronunciata, annuiva con cenni di approvazione, come fosse compiaciuta.

Alla conclusione, si premurò, rivolgendosi alla ragazza e ai presenti, di ottenere la conferma dell'inserimento di tutte le spese sostenute, delle pretese avanzate per il caso.

Paolo, osservando che AT non esprimeva obiezioni, critiche, non presentava alcun rilievo, decise di intervenire direttamente:

- Ho notato che è stato aggiunto il costo di alcuni atti che non ho ricevuto, non ho avuto modo di conoscere il contenuto.

Ma il giudice lo interruppe:

- Lei può solo segnalare errori di procedura, non può contestare le spese.

- Allora - precisò Paolo - le sembra corretta la sentenza che mi aveva imposto di pagare l'affitto del garage, anche per il periodo in cui il precedente pretore mi aveva consentito di rimanere?

Il magistrato lo guardò in viso, senza rispondere e proseguì nel conteggio.

Alla fine:

- Come preferisce compiere il versamento? Con la somma intera, in una volta, o con rate, in forma dilazionata?

- Con il maggior numero di quote d'importo minore possibile.

Mentre stendeva l'ordinanza, Paolo tentò, ancora, di opporre delle obiezioni, ma il giudice, con estrema risolutezza:

- Senta, se accetta la proposta, evita il pignoramento, altrimenti sono costretta a mettere all'asta l'immobile!

- D'accordo, d'accordo!

Rimase zitto fino al termine della procedura che si concluse con la firma dell'atto.

Deluso, contrariato, si apprestò a sottoscrivere l'ordinanza, n.714/03 R.G. Es. Immob., stilata con

la descrizione degli oneri, suddivisi in quote da
versare ogni mese, istituendo un conto apposito:
" DETERMINA altresì in *** le spese relative al
conto corrente ...
STABILISCE che la prima rata sia versata entro il
***; le ulteriori saranno devolute nel
corrispondente giorno del mese successivo;
DISPONE che il debitore invii al creditore ... copia
della ricevuta di bonifico; invita il creditore, in
caso di mancato rispetto dei termini, a presentare
immediata istanza di vendita;
ASSEGNA sin d'ora le somme da versare ...
MANDA la cancelleria per l'emissione dei mandati
di pagamento ...
AVVISA *** che resta salva la facoltà del
creditore di chiedere la fissazione di nuova vendita
in caso d'inadempimento.
FISSA per la comparizione delle parti al fine di
verificare l'esatto compimento e procedere
all'eventuale estinzione ... l'udienza in data *** "
  Apposta la firma, il magistrato, si rivolse alle
parti:

- Controllate che compia i versamenti con regolarità; ci ritroveremo per la verifica e l'eventuale chiusura del procedimento il ***.

Gli intrighi raggiunsero il culmine nell'incontro con il fratello per definire la divisione degli immobili.

Il giudice aveva affidato, al geometra, il compito di suddividere i due appartamenti, disegnandoli su una piantina.

Nel periodo in cui la famiglia era completa, composta dai genitori e dai figli celibi, le due abitazioni erano comunicanti, all'interno, attraverso una porta che, in seguito, avevano sbarrato.

L'avvocatessa LC era accompagnata da AT, la giovane collaboratrice.

Accomodatasi al tavolo, davanti al fratello, con il figlio maggiore, al suo difensore GV e all'architetto di parte, pronunciò, senza remore, in spregio all'etica professionale, con estrema sicurezza:

- Sto con voi!

Manifestava, apertamente, l'intenzione di non difendere Paolo, di non curarsi delle ragioni di equità per le quali aveva promosso l'appello.

Durante la discussione, riconfermò il proposito con un interrogativo:

- Ma lei vuole soldi dai suoi fratelli? - rivolta a Paolo, sconcertato per gli interventi a sfavore.

- Non ho mai chiesto denaro! - rispose stupito - ma una parte maggiore degli immobili.

Ella dimostrava incoerenza, contraddizione con quanto avrebbe scritto, nella comparsa conclusionale, quale richiesta in alternativa alla proposta del locale da parte di Paolo.

Proponeva la necessità del conguaglio, in danaro, della differenza di valore degli appartamenti.

Chiedeva soldi, consapevole che non li avrebbero concessi per le fragili ragioni presentate e, al contrario, la facilità, per la controparte, di opporsi e confutarle.

Mentre Paolo aveva, sempre, rivendicato una quota maggiore degli immobili, quanto meno riuscire ad ottenere il box.

Ma non fu il solo fatto significativo.
GV, l'avvocato del fratello, tamburellava, ripetutamente, sul tavolo, con la matita capovolta.
Con il gesto confermava la motivazione determinante, evidenziata più volte con il linguaggio non verbale, durante lo sviluppo del processo, per non riconoscere le sue richieste: " stava fermo, rimaneva indietro, non prevaricava, non si protendeva per conquistare la fanciulla, per procreare, in modo da accampare i diritti alla pari dei fratelli!!!"

Da tempo, Paolo nutriva gravi sospetti, perdendo la fiducia riguardo alla correttezza professionale di LC che, invece, non cessava di pretendere soldi.
Amareggiato, pensò di inviarle una lettera, riferendosi all'appello e all'atteggiamento equivoco, non convincente, manifestato diverse volte nella difesa:

"Egregio avvocato

Sig.ra LC

Ironie

in genere si vorrebbe prima riscontrare
un che di positivo in una causa che appare ormai
lontana, come perdersi nel tempo.

Anche quelle svolte presentano del vago,
ambiguità, mancanza di chiarezza nella ricerca,
nella definizione del giusto, appaiono come
avvolte in una nebulosa per celare la verità, in
aggiunta ai comportamenti poco imparziali dei
giudici e alla scarsa determinazione della difesa.

Nel caso VM ha mostrato una posizione debole;
sono emerse falsità, azioni e gesti inventati; un
semplice dialogo si è trasformato in violenza
sessuale, enfatizzato, poi, dalla pretesa di un
fauno, attempato, corruttore, di sedurre una
ingenua fanciulla.

La questione PR manifesta maggiore ambiguità,
confusione nel senso, con risvolti conflittuali e
contraddittori, ed evidenzia ancora falsità nel
sostenere l'aggressione al padre; inoltre rivela

una concezione capovolta della relazione, al contrario del caso VM, in quanto l'età matura non assume alcuna considerazione; evidentemente, subentrano altri motivi, mire, progetti diversi.

Una vicenda sospetta, equivoca, che prosegue ovunque e all'infinito, come una piovra che allunga i tentacoli per carpire, insinuarsi nei contatti sociali, stravolgendo interpretazioni, significato, come una nebbia diffusa che avvolge e copre per impedire la visuale, drogare la mente e la ragione al fine di confondere il vero con il falso, la perfidia con l'affetto, la menzogna, l'iniquità con la giustizia e la rettitudine.

Ma tant'è, in Italia, il "paese del sì", la visione della realtà muta secondo la posizione di chi osserva e degli scopi di alcuni; un fatto privato, personale, viene sottoposto a verifiche, illazioni, svariati intendimenti, da una miriade di persone, senza distinzione di sesso, età, cultura, etnia, bianchi, neri, gialli; tutti possono permettersi di intervenire, trinciare giudizi, esporre opinioni, indicare consuetudini, definendo anche pregiudizi.

Sono pochi coloro che non si lasciano ingannare, offuscare la mente, vagliano con il proprio buon senso, la personale capacità di osservare, valutare con obiettività i fatti.

Una vicenda paradossale, assurda, che dimostra lo scarso livello di cultura civile nel paese.

Opinioni, comportamenti, accettati, condivisi, a quanto pare, anche nell'ambiente giudiziario. Considerano le particolari situazioni senza il vaglio della ragione, dell'etica, del comune criterio, diffuso nella società riguardo l'aspetto sessuale della vicenda.

Nell'incontro con il geometra era successo un palese salto di posizioni, lo scambio, la confusione del ruolo, neanche paragonabile al "salto della quaglia" nel gergo politico.

Il processo relativo al pignoramento ha prodotto un ammasso di dati, numeri, costi, interventi di magistrati descritti in forma indefinita, non chiariti da nessuno, nemmeno dalla giovane difesa che non si è preoccupata di esaminare, spiegare prima e nemmeno poi, davanti al giudice che, invece, appariva compiaciuto nell'affermare il proprio potere, non certo per praticare giustizia.

Da qualunque parte si osservino le vicende, appaiono avvolte in un'immensa nebulosa, un coacervo di equivoci, sospetti, in contrasto con la chiarezza ed equità che dovrebbero caratterizzare l'ambiente giudiziario.
Evidenziano infidi giochi di ruoli nei quali la giustizia, l'onestà, sono poco o nulla considerate, dal momento che, nel "bel paese dello stivale", pare si siano infilate in fondo con il piede.

Del resto, princìpi e valori non sono tangibili, palpabili, al contrario di ciò che, già, gli antichi romani definivano ... "pecunia non olet".

In lontananza si ode il rombo di un motore, segnale di una poco misteriosa regìa che ruota attorno alle vicende, con le connessioni riferite nella pubblicazione "Intrighi", di cui le avevo inviato alcune pagine."

Paolo si era accorto che i contatti con l'avvocatessa si concludevano con il rumore di una motocicletta di grossa cilindrata; un avvertimento che il colloquio doveva cessare, non poteva protrarsi più a lungo ...

Anche nei primi tempi, quando si recava nel precedente studio, s'imbatteva in modelli di auto in possesso della ragazza o del cavalier servente che lo precedevano; osservava persone mostrare fogli di carta aperti, per avvertirlo di recarsi dalla studentessa, invece di rivolgersi all'avvocato.

LC l'aveva pure invitato a pagare una prestazione non avvenuta per MP, pur presente alla stesura delle richieste davanti al magistrato.
Esigeva soldi anche per altri!
"Mi scrive l'avv. CR, a nome e per conto dello studio MP (incaricato per la procedura esecutiva del Tribunale) ricordando che da lei sono ancora dovute euro *** per spese a favore del geometra e liquidate dal giudice.

Resto in attesa di sapere come intende provvedere al pagamento onde poter rispondere all'avvocato ... "

Paolo non le rispose, non intendeva adempiere all'immotivata, contraddittoria, pretesa.

Contrariato per l'ulteriore scorrettezza, le inviò un'altra lettera:

"Eg. avvocato

 Sig.ra LC

　　　dopo l'incontro presso lo studio del geom. PM, in cui si era espressa contro le mie intenzioni, ho ritenuto opportuno, come già avevo accennato, attendere la pubblicazione della sentenza per chiudere il rapporto di collaborazione professionale ...

Faccio presente, ancora, di aver rilevato insufficiente la difesa davanti al giudice di pace, perchè avevo sostenuto, da solo, la falsità dell'accusa di aggressione avanzata da VM, come altrettanto inventata quella mossa da PR verso il padre; poi, di fronte al magistrato AP, mi sono trovato a versare notevoli somme sconosciute, senza la necessaria documentazione, per le quali la sua collaboratrice non aveva presentato alcuna rimostranza, mentre, da parte mia, avevo rilevato ingiusta, nella sentenza del box, l'imposizione di versare l'affitto per il periodo utilizzato, dato che quella del precedente pretore *** mi aveva riconosciuto il possesso".

Alla conclusione dell'appello, apprese un altro raggiro.

Nella riunione per definire le stanze, Paolo aveva chiesto il locale in comunicazione, appartenuto, in precedenza, alla famiglia.
Era utilizzato come camera dalle sorelle.

A seguito del loro matrimonio e a quello del fratello maggiore, gli venne concesso come stanzetta di studio, e svago, per i figli.

Paolo avrebbe acquisito la proprietà, con certezza, da quel momento, perchè il geometra lo avrebbe inserito nella piantina da proporre al magistrato come elemento definitivo dell'accordo.

Per lui, rappresentava un modo per risarcire l'ingente somma sborsata per evitare il pignoramento.

Al contrario, l'avvocatessa aveva insistito nel proporre un incerto conguaglio sulla differenza di valore degli immobili.

Infatti, il giudice, nella sentenza 504/08, si limitò a confermare i locali occupati, e in uso, definiti dal geometra nel disegno, secondo la (discutibile) intesa raggiunta.

Non concesse soldi, o altri benefici.

L'unica osservazione riguarda il fatto che, almeno per una volta, non era condannato al pagamento delle spese.

Si tratta, nel complesso, di un modo d'agire ingannevole, astuto e subdolo, di taluni studi legali, e operatori del potere giudiziario, che, nei fatti, dimostra carenza di senso etico, scarsa professionalità, mancanza di considerazione dei diritti della persona.

La disillusione riscontrata nelle procedure del sistema giudiziario, inviterebbe ad affermare, con sincerità, con crudezza, che "la giustizia non esiste"!

Si può concordare che è difficile conseguirla, però è possibile evitare sentenze che dimostrino il contrario, prive di buon senso, senza nemmeno un poco d'equità.

Appare opportuno compiere una riflessione, considerare l'operato della magistratura nell'esercizio delle sue funzioni.

Il criterio della divisione dei poteri, legislativo, esecutivo e giudiziario, è a fondamento del governo democratico per superare la monarchia assoluta, impedire autoritarismi, regimi totalitari; forme di gestione in cui la potestà è concentrata in una sola persona.

Già, allora, quando vigevano tali regimi, si ritenne necessario suddividere la struttura di governo nei principali settori d'intervento per limitarne il potere, poterlo controllare, affidandolo a tre distinti organismi con diversa composizione e rappresentanza.

Il legislativo figura come principale; emana le leggi di'indirizzo del paese, regola i rapporti fra i cittadini, decide le questioni fondamentali della società.

Rappresenta il massimo potere, ed è affidato al Parlamento che è composto da membri scelti dalla popolazione.

In conseguenza, controlla l'esecutivo, il Governo, scelto e sostenuto dal gruppo che ha riscosso la maggioranza dei consensi nelle elezioni.

Quanto al giudiziario, si ritiene necessario attribuire piena autonomia, svincolarlo da altri centri di decisione, in modo da espletare la funzione con obiettività, senza condizionamenti, e, possa operare, mantenendosi al di sopra delle parti.

Però, riflettendo sul livello di autonomia, concessa in modo pieno, assoluto, appare un potere esorbitante, perchè risulta svincolato da ogni possibile verifica esterna.

Una constatazione che solleva interrogativi, perplessità, tali da mettere in discussione, dubitare del senso stesso di giustizia, che è il fine che legittima, convalida l'operato.

Infatti, non mancano casi in cui le azioni di alcuni magistrati si esprimano come potere assoluto, paragonabile a quello di un monarca.

Gli stessi, numerosi, procedimenti giudiziari in cui è stato coinvolto Paolo, nel pubblico impiego, in campo civile e penale, taluni promossi direttamente, altri chiamato in causa, rivelano decisioni controverse, discutibili, espressioni di dubbia obiettività.

Leggendo le sentenze, la forma, il contenuto, si riscontrano anche intenzioni punitive.

Alcuni agiscono come piccoli re, come il sindacabile giudizio di contraddire il collega, oppure manifestare scarso senso logico rispetto al procedimento principale, o, ancora, in contrasto con le ragioni prefigurate con l'adire il processo.

Lo studio GC, difensore di Paolo, l'aveva

assicurato per il box:

"il Pretore ha sciolto la riserva respingendo la domanda proposta da PM e condanna lo stesso a pagare le spese ... in tale situazione lei può continuare a godere del garage"

In seguito, alla richiesta di proprietà, un altro giudice, PC, con sentenza 2485/96, pronuncia:

" ... ordina al convenuto l'immediato rilascio del box ... condanna il ... al risarcimento dei consequenziali danni liquidati in ... condanna ... al pagamento delle spese processuali ... "

Nella sentenza, 1317/01, riguardo al testamento, pur riconoscendo:

"che non vi fu soluzione di continuità tra la ditta individuale FA e la ditta individuale FG ..." e quindi la cessione gratuita dell'azienda dal padre al figlio, tuttavia:

"condanna ... al pagamento per ... ";
sempre le spese processuali e indennizzi alle parti convenute.

Aveva impugnato il testamento per ottenere una quota maggiore, ma nella sentenza, 3148/03, sulla divisione, il giudice:

"assegna al convenuto GF la proprietà esclusiva dell'immobile di cui è causa subordinando il trasferimento in suo favore delle quote ... al pagamento in favore di questi della somma di euro ..."

In questi enunciati non traspare equità, logica, buon senso, criteri che dovrebbero illuminare, guidare i giudici.

Diventa assai difficile individuare l'indipendenza, riconoscere l'autonomia, la professionalità, riscontrare le caratteristiche fondamentali per amministrare la giustizia in senso democratico, come la società si aspetta in una repubblica.

In effetti, anche il giudiziario va considerato una forma di potere "esecutivo".

L'art. 101 della Costituzione afferma: "La giustizia è amministrata in nome del popolo. I giudici sono soggetti soltanto alla legge".

La popolazione è richiamata due volte, prima direttamente, poi con il termine "legge", formulata dal Parlamento che rappresenta i cittadini.

Non ha senso che siano i giudici a stabilire, in esclusiva, la corretta interpretazione, e, di conseguenza, applicarla in modo inoppugnabile.

Per queste ragioni sorgono dubbi nel ritenere la funzione svolta in piena ed esaustiva ottemperanza ai principi costituzionali.

Non si possono ritenere i depositari delle intenzioni del legislatore, e, anche se devono svolgere il compito in autonomia, essa non va intesa senza possibilità di critica, almeno di potersi confrontare con il Parlamento.

In pratica, i cittadini non hanno modo di verificare l'operato, esprimere il parere con efficacia, neanche in forma indiretta.

Esistono meccanismi per intervenire, l'appello, la cassazione, ma sono procedure, organi, interni allo stesso settore.

La magistratura ha un ruolo importante, decisivo per la democrazia, ma appare chiusa in se stessa, come in una roccaforte, protesa a difendere il proprio ambito di potere più che esercitare la funzione per migliorare la convivenza dei cittadini, per conseguire equità, diffondere il senso di giustizia.

Mentre l'esecutivo è sottoposto al controllo del Parlamento, maggioranza e minoranza, e ha un limite nella durata, il giudiziario rimane, comunque, indipendente, come un gruppo di funzionari più inclini a condividere l'attività, gli intenti (e gli interessi) della pubblica amministrazione che preoccuparsi delle necessità, del benessere del popolo.

Una persona, superato il concorso, entra nella magistratura e diventa membro di un apparato esclusivo; come avesse ricevuto la delega in bianco dai cittadini che si affidano interamente alla sua integrità, alla competenza, alle qualità professionali.

E' necessario un organismo in cui si possa svolgere il confronto tra il potere giudiziario e il Parlamento.

Sarebbe opportuno modificare la composizione del Consiglio Superiore della Magistratura con la revisione dell'art. 104 della Costituzione:

" ... gli altri membri sono eletti per due terzi dai magistrati ordinari ... e per un terzo dal Parlamento ... " ed eleggere i componenti in numero pari tra i due organi, in accordo tra le articolazioni del legislativo.

In tal modo la collettività, pur in forma indiretta, potrebbe esprimere il parere sull'opera del potere giudiziario con senso ed espressività.

Del resto la concezione stessa di democrazia, basata sul criterio della maggioranza dei consensi, non definisce, in assoluto, la decisione migliore, più equa, ma quella espressa dal maggior numero di cittadini.

Come non si può sostenere che tutti i re siano stati dittatori, sanguinari, tuttavia la divisione dei poteri è ritenuta la forma confacente, adeguata per evitare discriminazioni, particolarismi, per garantire un governo equo, più giusto, sostenuto dalla maggior parte della popolazione.

Non si deve temere l'ingerenza della politica nel

giudiziario.

E' diverso il significato di "politico" e "partito".

Il termine PARTITO, include ed esprime il senso di PARTE, come una componente della società.

Al contrario POLITICO, da polis, città, cittadinanza, racchiude un valore ampio, connesso all'intera collettività, alle espressioni del pensiero, al comportamento, alle finalità e agli indirizzi che ogni uomo, cosciente o inconsapevole, possiede e conduce con modi, mezzi utili e appropriati per la convivenza.

Aristotele affermava "l'uomo è animale politico per eccellenza, il solo essere che si riunisca in città e che si subordini alla legge e produca la scienza, l'arte, la religione e tutte le varie creazioni della civiltà".

Ma la preoccupazione, intesa come ingresso della politica, nell'introdurre un numero maggiore di membri del parlamento in organi istituzionali del potere giudiziario, non libera gli stessi magistrati dal pericolo denunciato.

Infatti, l'emergere di correnti neile loro

organizzazioni, anche con posizioni inclini a ideologie, dimostra l'esistenza di indirizzi di parte. Rivela responsabilità ancor più gravi, in quanto sono tenuti all'osservanza, al rispetto dei valori e dei principi definiti dalla costituzione.

Del resto l'art. 101: "i giudici sono soggetti soltanto alla legge", chiarisce maggiormente il senso e lo stretto legame con i contenuti della carta.

La democrazia si esprime con la separazione dei poteri, e con la possibilità del popolo di controllarne l'opera.

La pubblicazione della sentenza d'appello significava, per Paolo, troncare il rapporto con lo studio legale di cui aveva perso definitivamente la fiducia.

Preferì recarsi direttamente in tribunale a ritirare la copia per evitare ogni contatto.

Al contrario, l'avvocatessa, nonostante avesse acconsentito a cessare la collaborazione, gli comunicava la disponibilità per altri adempimenti. Lo invitava di nuovo nello studio per sottoscrivere una dichiarazione ed, eventualmente, impugnare la sentenza.

Ma, ormai, Paolo si rifiutava d'incontrarla; preferiva non aver più alcun contatto.

L'unico desiderio era di concludere, quanto prima, l'intricata vicenda patita ed evitare di essere coinvolto in altre insidie.

Non si rendeva conto della caparbietà della professionista, che, non scoprendo varchi per inserirsi, gli inviò la parcella con un dettagliato elenco di spese.

Paolo si prefisse di controllare la documentazione in modo accurato.

Si recò presso la Corte d'appello per consultare il fascicolo del processo, verificare lo sviluppo della procedura, i passaggi, i vari interventi per conto della difesa.

Osservò la scrupolosa annotazione di svariati

incontri tra le parti, compiuti senza descrivere il risultato, le conclusioni.

A quanto pare, si svolgevano in via formale, soltanto per riscontrare il proseguimento della causa con la presenza dei convenuti.

Non riusciva a comprendere il senso, l'opportunità delle riunioni, però constatava il costo, gli addebiti rilevanti nell'elenco spese.

Fu sorpreso nello scorgere la delega del geometra PM, al legale GS del circondario, per consegnare, in appello, la piantina dei due appartamenti con i locali assegnati.

Alla fine, nonostante il comportamento spregiudicato dell'avvocatessa, con repulsione, viva contrarietà, si vedeva costretto a sborsare, ancora, una somma ingente, presentata con una sequela di voci, descritte in modo minuzioso, pedante, senza poter verificare l'efficacia, la validità delle procedure esposte, con la qualifica della difesa:

" disamina - posizione studio e archivio - redazione atto citazione - scritturazione e collazione - autentica firma - richiesta notifica atto di citazione - esame relata - fascicolazione - iscrizione a ruolo - ritiro comparsa conclusionale controparte - esame comparsa di costituzione controparte - domiciliazione ATAP - partecipazione udienza *** - precisazione conclusioni - esame conclusioni avversarie - istanza giudice - esame ordinanza - ritiro fascicolo - redazione comparsa conclusionale - scritturazione e collazione - deposito comparsa - redazione nota spese "

e via di seguito, ripetute diverse volte.

Osservò, con meraviglia, che la stesura delle due comparse, iniziale e conclusiva, apparivano con le medesime argomentazioni, sembravano ripetitive.

Non aveva alcuna intenzione di pagare una prestazione svolta in forma contraria alla propria difesa, in contrasto all'etica professionale, contro ogni aspettativa.

Un'azione inaccettabile.

Intendeva approfondire la questione, verificare le possibilità di contestarla, esporre le ragioni per

ritenerla immeritata, gli scarsi, e a volte
inesistenti, interventi in difesa, le indicazioni
scorrette, le prese di posizione contrarie agli
interessi di Paolo.

Si rivolse a un'associazione di consumatori per
consigliarsi, ottenere supporto.

Spiegò i contrasti con lo studio, l'insoddisfazione
della prestazione professionale.
Sostenne diversi colloqui con i funzionari per
evidenziare l'intrigo, trovare il modo per
intervenire, controbattere le pretese.

Durante il percorso verso la sede, gli capitava di
incontrare auto della marca del cavalier servente
o della ragazza, anche di maggior cilindrata, che
lo precedevano.
A volte si soffermavano nello stesso parcheggio e
le ritrovava al ritorno, anche con una persona alla
guida.
Sembrava fossero in attesa della conclusione del
colloquio.

Gli capitava, pure, d'incrociare un uomo intento
a leggere un foglio, giovani signore spingere

carrozzine, per ricordagli di provvedere a
procreare, invece di opporsi alla parcella.

All'ingresso dell'ufficio, nella sala d'attesa,
succedeva d'incorrere in persone che segnalavano
gesti di biasimo, come per dissuaderlo dai
propositi.

Si accorse che la conoscenza, il fatto di essere
consapevoli dell'intricata vicenda, dell'opinabile,
controverso, comportamento della collega,
procurava grave imbarazzo ai legali, diventava,
per loro, una questione spinosa, difficile,
complessa da affrontare.

Si mostravano turbati, indecisi, a disagio.
Alla fine proposero d'inviare una lettera con la
richiesta dei documenti delle pratiche svolte.

Intendevano approfondire la situazione,
verificare gli atti compiuti per individuare la
possibilità, degli elementi su cui intervenire.
Invece si rivelò un'azione vana, del tutto inutile.

Significava ottenere da lei la possibilità di
controllare e, quindi, criticare gli atti compiuti.

Come chiedere l'autorizzazione di indagarla e sottoporla a processo.

L'avvocatessa si mostrò disponibile, però pretendeva, in anticipo, il pagamento completo della somma richiesta.

A quel punto, diventava inutile chiedere la documentazione. Una volta ricevuto il denaro, avrebbe potuto gestire la situazione come meglio credeva.

In fondo, figurava come un nuovo raggiro, un circolo vizioso.

Non rimaneva che rivolgersi all'Ordine degli Avvocati per verificare la congruità della parcella.

All'ingresso del tribunale, sul lato sinistro del portico, intravide SC, il legale ricusato nella causa di aggressione, che si mostrava di spalle. Allora cambiò direzione, attraversando direttamente il cortile, in modo da passare davanti.

Nell'ufficio, venne accolto da una prosperosa ragazza che rivolgeva, in modo vistoso, le maniche del maglione.

Alla richiesta d'informazioni per presentare la domanda, cercava di scoraggiarlo.

Descrisse una lunga, vana procedura, da cui, trascorsi centoventi giorni, non avrebbe ottenuto nulla di significativo.

Paolo, comunque, era deciso a proseguire nel suo intento.

Preparò la documentazione, annotando gli opportuni chiarimenti, e la presentò in sede.

Uscendo dall'ufficio, osservò, ancora sotto il portico, una giovane che gesticolava verso uno strano tipo, all'esterno, sul piazzale antistante al tribunale.

Cercava di farsi vedere nel segnalare il gesto di ritrarsi le maniche del pullover.

Arrivata la lettera dell'Ordine, per stabilire l'appuntamento con LC, notò, segnato nell'intestazione, l'evidente equivoco dello scambio del genere davanti al nome.

Si confermava, per iscritto e in forma chiara, il pregiudizio espresso, più volte, attraverso il

linguaggio non verbale, nei vari contatti con i
legali e nelle procedure processuali!

Agiva come un* *** , non con la
determinazione, l'irruenza di un uomo vigoroso,
prestante; in pratica non prevaricava, non era in
grado di compiere quel particolare passo ... che
da tempo gli si chiedeva.

Paolo inviò un messaggio per ottenere
chiarimenti sul significato dell'incontro, sulle
eventuali aspettative riguardo all'iniziativa.
In realtà, intendeva puntualizzare la svista sul
nome generico posto davanti al proprio,
definendola un errore di grammatica.

Alla data convenuta, rimase a lungo in attesa del
segretario, e si fermò nell'ingresso a conversare
con la piacente impiegata.
Quando giunse, lo invitò a seguirlo nella sala
adiacente.

Paolo aspettò un attimo, che si chiudesse la
porta.
Entrando, si trovò davanti LC con la mano protesa
per salutarlo:

- Buongiorno!

- Buongiorno! - rispose, senza contraccambiare il gesto, mostrandosi freddo, lanciando uno sguardo sfuggente di riprovazione, disistima.

Il rappresentante si premurò di precisare i termini del confronto, invitando a limitare gli interventi alla parcella, senza congetture e la descrizione di fatti non pertinenti.

Incominciò LC.

Espose l'elenco delle cause svolte, concluse, secondo lei, con successo, mentre lamentava gli scarsi pagamenti ricevuti.

A sua volta Paolo riprese le critiche espresse più volte nelle lettere e presentate con la domanda di congruità:

- All'inizio, dopo il primo versamento, mi aveva assicurato che non avrebbe preteso altro, invece ha proseguito con la necessità di ulteriori rimborsi spese. Se avessi saputo di tali, gravosi costi non avrei pensato di proporre l'appello.

Poi, lesse il messaggio ricevuto per invitarlo al pagamento della somma per il cliente della collega CR.

Al termine, le mosse un sentito rimprovero:

- Ma come può chiedermi di compiere anche questo versamento? Lei è scorretta! - esclamò esasperato, con determinazione.

L'incontro si svolse in forma vivace, con molte interruzioni da parte di entrambi.

Ognuno intendeva difendere le proprie argomentazioni, specificare le posizioni assunte, dimostrare la validità del comportamento.

Il segretario intervenne più volte, invano, per delimitare la discussione.

LC si mostrava convinta delle ragioni espresse, come, del resto, Paolo era irremovibile sulle sue.

Riuscì, mentre illustrava le proprie motivazioni, a percepire un leggero rimprovero del moderatore nei confronti della collega.

Tuttavia, alla conclusione, non fece alcun cenno, si limitò a precisare il suo compito:

- Questa procedura serve a favorire la possibilità
di un accordo tra le parti.

Di conseguenza, si rivolse a LC:

- Lei, intende rivedere la sua richiesta?

- Certo che no! - rispose.

Indirizzandosi a Paolo.

- E lei quale importo sarebbe disposto a offrire?

Paolo, disgustato dal comportamento
inqualificabile dell'avvocatessa:

- Nulla! Non vedo alcun motivo per farlo.

La famelica arpìa, però, era decisa a ricorrere in
tribunale.

Infatti, alcuni mesi dopo gli arrivò l'ingiunzione di
versare l'intera somma con decreto
n.5092/03.12.08.

Paolo si propose d'impugnarlo.

Chiese informazioni al magistrato che l'aveva
emesso, ma non ottenne una risposta
soddisfacente:

- Vorrei oppormi al decreto ingiuntivo.

- Guardi, io non c'entro nulla! - affermò

imbarazzato.

Paolo proseguì:

- Ma potrei rifiutarmi di pagare?

- Lei può opporsi instaurando un nuovo processo con un legale, altrimenti deve versare l'intera somma entro i termini stabiliti.

Consultò una professionista, conosciuta per competenza, serietà in un altro caso.

Le illustrò la situazione, presentando i documenti.

Lei, dopo averli esaminati, rispose di non aver riscontrato alcun elemento per opporsi alla collega, tanto meno riguardo alla parcella che non riteneva affatto onerosa.

Si mostrò, comunque, disponibile a mediare la richiesta, per ottenere magari una dilazione nel pagamento.

Ma Paolo, non si fidava, aveva immaginato una risposta negativa.

Si rendeva conto delle difficoltà per opporsi, anche della stessa mancanza di volontà per contrastare la collega che operava nel medesimo tribunale.

Decise, allora, di rivolgersi all'avvocato di un

altro foro e gli presentò la documentazione.

Lesse in modo accurato la sentenza, controllò le voci delle spese rivendicate, i versamenti compiuti.

Poi, guardandolo, sorpreso, esclamò con disappunto ed estrema sincerità:

- Ti hanno ingannato!

Paolo, ormai disilluso, preparato ad ogni sorta di artificio, formulò degli interrogativi per conoscere i punti del raggiro.

Consisteva nel fatto di non aver ottenuto nulla del presunto accordo, come contropartita, non il locale desiderato, non i soldi proposti dall'avvocatessa, come conguaglio della differenza di valore degli appartamenti.

Era disponibile per un eventuale ricorso; ma spiegò la procedura laboriosa e, soprattutto, le scarse possibilità di ottenere un esito positivo, valido.

Come primo atto, occorre istituire un nuovo processo.

Poi, l'elemento determinante che frena l'esito

dell'intervento, riguarda i limiti posti all'azione: la parcella e le spese sono definite, non si possono contestare, inoltre non è possibile criticare la prestazione complessiva nelle diverse cause, ma solo il caso particolare relativo all'onorario che si intende impugnare.

Appare come l'operazione per riparare il guasto di un prodotto di consumo: se non funziona il forno della cucina, non è detto che sia difettoso anche il frigorifero, occorre aggiustare soltanto quello.

Paolo si rese conto degli ostacoli, delle difficoltà, per conseguire un risultato appagante.
La procedura si sviluppa in un circolo vizioso, in cui si rimane invischiati senza possibilità di riuscire nell'intento, senza concludere qualche cosa di positivo.
La questione consiste nella difficoltà, nella complicazione, di poter trovare il legale disposto a

contestare l'operato e, soprattutto, la remunerazione del collega.

Il comportamento di un difensore, per quanto discutibile, riprovevole, diventa assai problematico sottoporlo a giudizio.

L'avvocato possiede uno specifico potere nei confronti del cittadino, per la peculiarità della prestazione.

Quale esperto di leggi, sa come destreggiarsi nel labirinto giudiziario.

E proprio per questi motivi, è doveroso che anche tale rapporto possa svolgersi con equità, senso di giustizia.

E' evidente che la posizione del professionista appare preponderante per il cliente, complicata, alquanto spinosa.

La disparità diventa particolarmente riscontrabile nel definire il trattamento economico che può svilupparsi nel gioco sarcastico del gatto con il topo.

L'assistito può diventare come un osso in bocca al

cane, incappare in un meccanismo infernale d'impotenza, rimanere a discrezione, succube, dell'avvocato.

La democrazia richiede parità di posizioni nei rapporti.
Chi paga deve sentirsi libero di scegliere, decidere, non essere, trovarsi disarmato.

La richiesta del preventivo scritto risulta difficile da ottenere perchè urta la suscettibilità del professionista, manifesta diffidenza.
Inoltre non è una pratica usuale in questo particolare rapporto.

Sarebbe una valida precauzione per evitare di incorrere in profittatori, in qualcuno disposto ad accordarsi, pure, con l'avversario, in modo da percepire la remunerazione da entrambi.
E, soprattutto, se, in un caso simile, non si possiedono prove documentate, inoppugnabili, non c'è modo di dimostrare l'imbroglio.

L'Ordine degli avvocati protegge il socio, e il cliente si trova costretto a pagare la parcella anche con il decreto ingiuntivo del tribunale,

comunque sia stato il comportamento del
"difensore".

L'avvocato possiede notevole potere nello
svolgere la professione, e non si comprende
perchè la legge intervenga a favorirlo con regole,
disposizioni, rendendosi complice, nel caso di
scorrettezze, della slealtà commessa.
Il legislatore dovrebbe consentire, al cittadino, di
rivolgersi al giudice, anche in forma libera, e
dibattere la questione senza doversi affidare a un
altro legale.
Inoltre, non ha senso porre dei limiti nel criticare
le prestazioni quando s'intende sindacare il
comportamento complessivo del professionista
nelle cause affrontate.
Neppure si comprendono le ragioni del decreto
ingiuntivo.
Risulta in contrasto con
l'art. 3 della costituzione "tutti i cittadini hanno
pari dignità sociale e sono eguali davanti alla
legge".

Perchè mai dovrebbe intervenire il magistrato, in modo diretto, nella relazione, imponendo procedure laboriose, all'eventuale decisione di opporsi a prestazioni discutibili, non convincenti, riguardo lo sviluppo degli atti prodotti come difesa?!

Il rapporto -cittadino avvocato- presenta gravi difficoltà, ostacoli, considerato secondo il principio di parità nei rapporti, punto specifico, qualificante, della democrazia.

Gli avvocati, quali tutori dei diritti dei cittadini, dovrebbero contribuire nel far emergere l'equità, la giustizia, infondere fiducia, dimostrando senso etico, professionalità nel lavoro, svolto in collaborazione con i giudici.

Appare chiaro, nelle vicende descritte, il gioco perverso di alcuni individui, senza scrupoli, con l'intento di sviare l'attenzione delle persone semplici, per indirizzarla verso questioni pruriginose, come quelle sessuali, con dicerie squalificanti, in modo da occultare le trame, gli illeciti compiuti per conseguire i propri interessi.

I malvagi utilizzano ogni mezzo per raggiungere i loro fini. A ragion veduta, confondono, manipolano gli sprovveduti con il discredito, con allusioni diffamanti, gettando polvere negli occhi agli ingenui e fango sul malcapitato.

Taluni stanno al gioco per convenienza, per interesse personale, di categoria, altri si accodano per quieto vivere, per timore di ripercussioni, per intimidazioni; molti, comunque, si lasciano manipolare senza usare il buon senso, la ragione.

Queste forme laboriose, gli strani, contorti, meccanismi intrecciati, le relazioni messe in atto da persone malvagie per intromettersi in questioni private, per tramare e ottenere benefici personali, consentono di comprendere le cause dell'ampia, radicata, diffusione di organizzazioni malavitose che minano, nel profondo, la vita civile del paese.

I meandri della giustizia

Nel periodo in cui si paventavano difficoltà, incertezze, per garantire la fornitura del gas, Paolo pensò alla possibilità di rendersi indipendente dalle fonti energetiche offerte dagli enti, cercando di provvedere direttamente.

Si era interessato per impiantare dei pannelli solari, quelli fotovoltaici, a escogitare soluzioni diverse per riscaldare l'appartamento e ottenere l'acqua calda sanitaria.

Purtroppo, con gli intrighi innescati sul testamento e le trame oscure sviluppate nelle cause relative alla successione, era finito nella spiacevole condizione di abitare in un condominio.

L'immobile, un tempo proprietà della famiglia, spazi, locali in cui aveva vissuto, lavorato per anni, erano divisi con altri, con estranei. Non era più autonomo, non poteva agire liberamente. Doveva chiedere, ottenere il consenso degli altri per disporre delle parti considerate in comune.

In precedenza, gli era stata negata anche la possibilità di fruire del particolare finanziamento concesso alle persone anziane, proprietarie di un appartamento.

Le rilevanti difficoltà emerse, lo convinsero nel limitarsi a impiantare una stufa a pellet, sufficiente per riscaldare i locali principali che usava abitualmente.

E' una macchina semplice, agevole, fornita di un sistema per compiere in automatico le operazioni necessarie per bruciare il combustibile e diffondere il calore, mantenendo costante la temperatura voluta.

La principale necessità consisteva nel provvedere all'acquisto del pellet, un materiale rinnovabile, commercializzato in sacchi da 15 kg.

Pensava bastasse comprarne una decina di
sacchi per volta, in modo da poterli trasportare da
solo con l'auto, essere autonomo.
Non si rendeva conto della quantità necessaria per
riscaldare i locali per la durata dell'intera stagione
invernale.

Allora il pellet riscuoteva particolare interesse
come materiale da riscaldamento perchè
rinnovabile, naturale ed era ritenuto ecologico.
Erano sorte parecchie aziende fornitrici e non era
difficile provvedere, poter scegliere tra le diverse
qualità e costi.
Aveva trovato un produttore che offriva un prezzo
molto conveniente, per cui decise di acquistarne
una quindicina di sacchi, a cui furono aggiunti altri
due in omaggio.
Caricato il materiale, alla guida sentiva il peso
gravare sull'auto; avvertiva lo sterzo più rigido, il
mezzo rispondeva con lentezza ai movimenti del
volante, alle manovre.

Arrivato a casa, si dispose di buon grado per spostarli al piano superiore e sistemarli nell'appartamento.

Era spinto dalla foga, dal desiderio di terminare il lavoro.

Non pensò all'età avanzata, al suo stato, alla gravosità dell'operazione necessaria per maneggiare tutto il carico in una sola volta.

Non intendeva fermarsi, nemmeno concedersi una pausa.

Così aggravò le sue condizioni di salute: il respiro divenne affannoso ... ansimava ... tuttavia doveva concludere l'opera intrapresa.

In seguito accusò gravi disturbi al cuore, a respirare, compiere certi movimenti, distendersi. La condizione non accennava a migliorare. Sentiva le gambe appesantite.

Decise di rivolgersi al medico:

- Lei oggi o domani mattina deve recarsi in ospedale - gli raccomandò.

Venne subito ricoverato, sottoposto a controlli, ai vari esami per conoscere le condizioni generali e stabilire la terapia più confacente.

Rimase circa una settimana.

Paolo non era mai stato in un ospedale, non si aspettava di trovarsi in quella condizione.

Un colpo improvviso. Non fu uno shock, ma non era certo un evento confortante.

Doveva incominciare a preoccuparsi per la salute, a rendersi conto delle condizioni.

Non l'aveva mai fatto, da anni non aveva mai avuto gravi problemi, se non quelli comuni, influenza, raffreddori, malesseri passeggeri.

Era giunto il momento di riflettere, accettare lo stato, convivere con la realtà.

Venne sistemato in una gradevole cameretta con due letti, in un'ala nuova dell'ospedale, con locali lindi, ben tenuti, in un area con del verde.

Si trovò in compagnia di un signore all'incirca della sua età:

- Buongiorno, è qui da molto? - si rivolse al
degente.

- No, sono due giorni, spero di tornare presto a
casa.

Fece subito conoscenza.

Era un dipendente a riposo del comune dove
abitava con la moglie; provenivano da un paesino
del centro Italia, sugli Appennini.

- Allora,- lamentava - dovevo svolgere tutte le
mansioni necessarie, adesso, invece, chiamano
persone esterne per compiere i diversi lavori, noi
eravamo trattati male.

Si interessava di politica, era anche appassionato.

- Assisto a tutte le versioni dei telegiornali, mi
piace interessarmi, sapere quello che succede.

Era un convinto sostenitore di un particolare uomo
politico, emergente in quel periodo.

Quando era di buon umore decantava con
entusuasmo le sue qualità, gli interventi, le opere
compiute. Lo preferiva senza alcun rimpianto al
personaggio più influente della sua zona d'origine.

La moglie veniva ogni giorno a fargli visita.

Quando la conversazione languiva:

- Ti ricordi che cosa aveva detto ***? - interveniva con gli argomenti che lo vivacizzavano e subito riaccendeva il dialogo.

Sembrava quasi volesse prenderlo in giro; in realtà lo faceva per stimolarlo, per sollevargli il morale.

Si volevano bene. La moglie era una donna intelligente e compresiva, sapeva come trattarlo.

Spesso lui si interessava, anche al telefono, del pasto che stava consumando, quale intenzione avesse per il pranzo, per la cena. Mostrava disappunto per non poter condividere le pietanze gradite, i momenti conviviali in compagnia.

Si potrebbe definire un brav'uomo, un po' chiacchierone, ma una persona semplice, schietta, in fondo simpatica.

A volte Paolo lo interrompeva:

- Stia tranquillo, si riposi, siamo in ospedale!

E si fermava, rimaneva zitto.

Non era invadente, ma riservato.

Consumava i pasti raccolto, vicino al letto, sul tavolino mobile, mostrando una visibile soddisfazione.

Manteneva il bagno pulito, non dava neanche a vedere di esserci stato.

Era un compagno di camera gradevole, affabile, anche i parenti erano simpatici.

A volte la moglie veniva accompagnata dalla nipote.

Una graziosa, piacevole signora sulla quarantina, madre di ben quattro figli.

- Oramai, sono abituata alle esigenze familiari, non è un problema per me gestire una famiglia numerosa.

Alcuni pomeriggi, si era presa pure l'impegno di accompagnare la figlia maggiore agli allenamenti di ginnastica artistica in una cittadina alquanto lontana.

Lasciato l'ospedale, il giorno successivo prese il posto libero un personaggio con caratteristiche molto diverse.

Dimostrava la stessa età, ma rivelò subito una
ben altra forma di compagnia.

Era arrivato di sera.

- Abbiamo cercato in vari ospedali della zona, -
raccontava la moglie al telefono - e questo è stato
l'unico che ha potuto accoglierci.

Dal linguaggio, dalle espressioni e i contatti,
apparvero subito delle persone singolari.

Lui era pure un chiacchierone, ma, a differenza
del precedente, interveniva sempre nelle
conversazioni, doveva precisare, aggiungere
chiarimenti, manifestare la sua idea.

Non sapeva ascoltare, tacere. Non lasciava
spazio agli altri.

Aveva la pretesa di essere competente in qualsiasi
argomento e con chiunque capitasse per
interloquire.

Aveva sempre una sua opinione da interporre, far
valere.

Poi, preso il bandolo del discorso, non smetteva
più di parlare: una loquacità invadente,
inarrestabile come un torrente.

Difficile da sopportare.

Quando Paolo introduceva un argomento, lui interveniva subito a esprimere il suo parere, esporre la sua posizione, poi non cessava di suggerire, consigliare.

Allora preferì non sollevare più questioni; evitava di partecipare ai dialoghi, si asteneva dalle conversazioni.

Ebbe anche la sfrontatezza di provocare.
Aveva suonato il campanello per chiamare l'infermiera:

- Cosa c'è, chi ha chiamato? - presentandosi alla porta della cameretta.

Il tipo non rispose, fece finta di nulla, non solo, ma ripetè la bravata una seconda volta.

- Ma allora che cosa c'è? - disse risentita - se è uno scherzo non è piacevole, ci sono persone che hanno veramente bisogno!

E ancora non pronunciò una parola.

- Io non ho chiamato - si limitò a precisare Paolo.

Quando entrava in bagno, soprattutto al mattino, dopo la sveglia, lasciava un lago sul pavimento.

Non si capiva che cosa avesse combinato, sembrava inaffiato.

La moglie, al contrario, era discreta, premurosa, per nulla invadente, mentre lo erano i figli.

Una sera, conversavano tra loro a voce alta, ridevano, scherzavano, senza preoccuparsi di infastidire.

Paolo non capiva il motivo, era come se si stessero divertendo.

Decise d'intervenire e piuttosto risentito:

- Scusate, siamo in ospedale, vorrei riposare! - e spense la luce diurna.

Rimaneva accesa quella soffusa per la notte.

Finalmente si congedarono in silenzio dal genitore.

Dopo la sgradevole esperienza dei primi giorni, Paolo evitava di conversare. Era l'unico modo per non subire il torrente di parole che inevitabilmente profondeva.

Non sapeva rimanere in silenzio, tentava approcci anche con le infermiere: sciorinava suggerimenti, indicazioni, elargiva consigli per ogni evenienza.

Sembrava pretendere il riconoscimento delle sue capacità, delle conoscenze, da parte delle persone che lo circondavano.

Tuttavia pur alquanto loquace, nonostante le prolisse conversazioni, non aveva mai precisato con chiarezza la sua attività, quali occupazioni avesse svolto nella vita.

Paolo non ebbe modo di capire i suoi impegni, in quale settore avesse lavorato, di che cosa si fosse interessato.

Circa dell'età di Paolo, era pure in quiescenza. Aveva accennato all'impiego in una grande industria automobilistica.

Al riguardo, volle anche precisare:

- Ma come pretendono di controllare il tempo che si impiega nel lavoro? - sbottò un giorno.

Aveva parlato di proprietà immobiliari nella cittadina dove abitava, di una villetta in una zona di mare.

Ma niente di specifico che si potesse capire in quali condizioni, le dimensioni, chi le abitasse.

Pare provenisse da una regione del sud. Lui e la moglie parlavano con un accento particolare, tendevano a storpiare le parole, a pronunciarle in un modo caratteristico.

A volte alcune persone, che provengono da altre zone del paese, mantengono la cadenza originaria anche dopo aver vissuto diversi anni in altre regioni.

Vantava conoscenze, contatti, riceveva diverse telefonate di persone impensierite per la sua salute.

- Si tratta di batteri,- li tranquillizzava - devo solo compiere degli esami per conoscere a fondo la condizione. Non preoccupatevi, non appena sarò uscito, faremo una grande festa tutti assieme, mi occuperò io stesso di organizzare. Ci vedremo presto!

Era il periodo natalizio, di fine anno.

Prefigurava d'invitare numerosi amici, incontrare persone importanti, prometteva di trascorrere le festività in allegra compagnia.

Finalmente giunse anche per Paolo il gradito momento di concludere la degenza.

Era la vigilia delle feste di Natale.

Con sollievo e soddisfazione arrivò il nipote per accompagnarlo a casa.

La spiacevole vicenda era terminata.

Ma non cessavano gli intrighi in cui da anni si trovava invischiato.

Anzi, nel momento stesso che rientrava nel portone dell'abitazione, si vide osservato da una vicina che gli volse la schiena in malo modo.

Conosceva la persona per averla vista altre volte mostrarsi nello sgradevole atteggiamento di sbadigliare al suo passaggio!

Un caso? O l'aveva fatto apposta?

In quel momento, ritornò in mente a Paolo la frase udita in ospedale riguardo al suo compagno di camera:

- Quello è un m***! - come appartenente a organizzazioni malavitose.

Immaginò che la donna potesse conoscere il tipo e fosse mal disposta nei suoi riguardi per non aver familiarizzato con lui, con quel personaggio impossibile, tronfio, pieno di pretese, di ostentazione.

Anche altri avevano mostrato disappunto nei confronti di Paolo quando lo videro conversare con una ragazza che riteneva fosse sua figlia.

In effetti, riflettendo su quanto successo e soprattutto sul comportamento e i contatti accennati dal tipo, riscontrava conferma della frase ascoltata.

E' la sitazione che vive Paolo da anni, da quando aveva rifiutato l'imposizione di ritornare all'ufficio del gioco pronostici.

Si vede controllato da individui poco rassicuranti, forse in contatto con persone di malaffare, con personaggi disonesti, dediti ai propri interessi senza rispettare le leggi, incuranti dei diritti degli altri.

Tipi protesi solo ai loro vantaggi, ai benefici, al tornaconto nelle operazioni che svolgono.

E viene redarguito, sottoposto a pressioni, malversazioni, tentativi di ricatto, imbrogli, come un soggetto da sorvegliare per costringerlo ad assecondare gli indirizzi, a conseguire i loro scopi nelle sue attività.

Una sequela ripetuta, continua, di misure logoranti, di molestie defatiganti.

Aveva anche deciso di rivolgersi alle forze dell'ordine per denunciare gli intrighi in cui, da tempo, veniva ripetutamente invischiato nel tentativo di correggerlo, punirlo.

Per costoro sono come giochi tessere trame, infangare, diffondere cattiverie contro di lui per

denigrarlo nell'ambiente circostante, soprattutto
in merito al comportamento sessuale.

Non è fantasioso ritenere che per la sua
resistenza alle malversazioni, alle insidie a cui
viene sottoposto, i perversi abbiano escogitato un
piano per intimorirlo maggiormente.
Hanno ritenuto di cogliere l'occasione delle
condizioni di salute, per incaricare degli individui
disposti a ogni iniquità, ad assestargli un colpo
alla testa.
Pensarono di organizzare la faccenda in modo da
far apparire l'aggressione come un malessere
causato dal suo stato.
Avrebbero pure somministrato dei farmaci
perchè non ricordasse nulla dell'accaduto, non
avesse percezione del dolore.
In realtà un pomeriggio di giugno a Paolo era
capitato un fattaccio improvviso.
Si era recato nella cittadina vicina per un
appuntamento con il medico alle 15.

Aveva parcheggiato nella piccola via *** laterale a quella principale, non lontano dallo studio, dove trovava facilmente lo spazio libero.

Sceso dall'auto, si stava incamminando verso l'ambulatorio ... ma improvvisamente successe qualcosa a interrompere il percorso ...

Una vicenda che ad alcuni è risultata poco chiara, misteriosa, ma per altri è stata palese, compreso il motivo.

Nel complesso però appare in una forma omertosa, una convinzione sottaciuta, tenuta in sordina, per l'intrigante contenuto sociale e i risvolti politici connessi.

Va ricordata la specifica attività politica svolta da Paolo negli anni 68/70 e gli organismi frequentati in quel periodo, definito degli "anni caldi" a causa dell'estesa contestazione sollevata da diversi gruppi, emersi, allora, con varie sigle politiche.

L'immediata giustificazione del fatto, avanzata da alcune persone (per condivisione del senso politico) è stata di richiamarsi alle condizioni di salute, cioè che si sia trattato di un malore improvviso. Con la precisa intenzione di fugare subito, sul nascere, ogni altro riferimento. Perchè se fosse ritenuto un atto di violenza fisica avrebbe potuto indurre a ben altre motivazioni.

Comunque Paolo non aveva accusato alcun malessere da quando aveva iniziato la terapia prescritta dai medici in ospedale.

In particolare, un sanitario si era pure informato sulle sue condizioni del momento, venendo a conoscenza che erano nella norma. Pertanto la risposta lo tranquillizzava sulla cura seguita.

Inoltre Paolo affermava, senza ombra di dubbio, di non aver sofferto alcun malore in quella giornata, si sentiva bene.
Era un giorno come un altro.

E' stato solo in seguito che, dopo essere sceso dall'auto, non ricordava più nulla, non sapeva che cosa fosse successo, quanto era accaduto.

Gli capitò un'estesa amnesia: non rammentava nulla, nessun malessere, nessun dolore, nulla.

Solo diverse ore dopo, all'ospedale, incominciò a prendere atto della situazione: si era trovato sul lettino della sala operatoria.
Per il resto, gli rimane il vago ricordo di essere stato trasportato sull'ambulanza, di aver avvertito qualche sussulto, udito delle parole durante il tragitto.
Al mattino, incominciò a riflettere, a capire che cosa gli fosse successo.
L'avevano condotto nell'ospedale più vicino, ma le sue condizioni di salute richiedevano una particolare attività chirurgica che effettuavano solamente in un altro, per questo venne trasportato in quello più lontano.
Allora comprese la situazione: dove si trovava, il motivo per essere in quel posto specifico e il tipo di intervento a cui era stato sottoposto.
Gli raccontarono che, in seguito a una caduta, aveva riportato un grave ematoma.

L'operazione si era svolta in modo soddisfacente: doveva mantenere per qualche giorno delle applicazioni fastidiose alla testa che gli impedivano dei movimenti.

Una condizione angustiante che tuttavia doveva e poteva sopportare per la pericolosa ferita subita!

Ricevette informazioni più dettagliate alla visita del fratello con il nipote:

- Alcune persone ti avevano soccorso in strada in uno stato confusionale - gli raccontarono - e ti avevano accompagnato dai vigili urbani, loro poi avevano chiamato l'ambulanza.

- Ma non ricordo niente! Piuttosto l'auto - chiese Paolo - che fine avrà fatto? L'avevo parcheggiata in una via secondaria, vicina a quella principale che attraversa il paese, a una cinquantina di metri.

- Vedremo, proveremo a cercarla.

- Portavo anche una piccola borsa, speriamo che si trovi!

Aveva scelto quella via isolata per il parcheggio libero e la facilità di raggiungerlo, poi era anche più semplice ritornare a casa.

Evitava l'intricato traffico esistente sul piazzale antistante lo studio del medico con cui aveva l'appuntamento.

Al pronto soccorso dell'ospedale avevano consegnato loro un sacco con gli effetti personali raccolti dalle persone intervenute per assisterlo.

In particolare agli atti risulta: "Rinvenuto in strada da passanti in stato confusionale. Attualmente il paziente è cosciente e collaborante ..."

Ma successe un fatto inspiegabile, una stranezza. Il giorno seguente:

- Abbiamo trovato l'auto in centro - gli disse il nipote - nella piazzetta davanti alla chiesa; l'ho fotografata, guarda! - mostrò l'immagine presa con il cellulare.

- Ma come! - intervenne Paolo meravigliato - ricordo bene di averla lasciata nella via *** era la terza volta che la mettevo in quel posto.

- Ma come sarà finita là? E' anche in zona disco, non mi avranno fatto la multa per questi giorni!?

La motivazione del posteggio diverso sarebbe collegata al malessere, allo stato confusionale per cui non sapeva dove stesse andando, però rifletteva con il nipote:

- Porre l'auto in centro avrei trovato maggiori difficoltà, il traffico, i semafori. Avrebbe richiesto maggior attenzione!

- Ma allora se ero confuso?

- L'appuntamento dal medico era alle 15 per cui sarebbe stato ancor più impegnativo trovare posto a quell'ora.

Continuava a porsi interrogativi:

- Inoltre che senso aveva metterla così lontano dallo studio, dal momento che nel piazzale antistante c'era un ampio parcheggio?

- L'ambulanza era arrivata alle 17, che cosa era successo in quelle due ore? Avrei vagato senza meta in una piccola cittadina senza che nessuno si fosse accorto prima? - discuteva con il nipote.

La vicenda sollevava numerosi dubbi, non lo convinceva affatto come era stata raccontata. Avrebbe approfondito la questione una volta uscito dall'ospedale.

Ma anche la degenza non si era svolta in modo sereno, ma con fastidiose inquietudini.

Le condizioni sanitarie si stavano evolvendo senza difficoltà, in modo ottimale e, nonostante il delicato intervento, si prefigurava di poter uscire entro pochi giorni.

Presto avrebbe potuto abbandonare il nosocomio.

Ma i problemi maggiori si sollevarono nei rapporti con gli altri degenti che circolavano nello spazio al punto lettura, all'angolo della tv, nei corridoi.

I due compagni di camera succeduti erano in gravi condizioni.

Non erano certo intenzionati a conversare, scambiò solo parole di cortesia, qualche semplice frase con i parenti.

Avevano da sopportare malesseri angustianti.

Infastidiva Paolo l'ambiente circostante percepito al momento del ricovero, avvertiva un'impronta specifica, di carattere sociale.

Gli si presentavano le medesime situazioni fastidiose che incontrava nel suo ambiente.

Vedeva segni, gesti, inviti per comportarsi in un certo modo, come dovesse approfittare della presenza delle giovani infermiere, per rivolgere loro particolari attenzioni in modo significativo.

Il colpo subito appariva, dai segni espressi, motivato dal fatto di non rapportarsi con una donna, dal non avere una relazione sessuale con una ragazza.

Comunque è realistico ritenere che l'assistenza prestata al paziente da fanciulle, carine, aggraziate, contribuisca ad alleviare il dolore, la pena di trovarsi in quel luogo; talvolta può anche rendere piacevole la degenza.

Gli capitò pure uno scherzo di cattivo gusto che lo mise in allerta per la probabilità di altre azioni sgradite.

Infatti quando seppe di poter abbandonare l'ospedale, avvenne l'intervento inaspettato dell'assistente sociale che bloccava la possibilità di uscire dalla struttura condizionante.

- Lei vive solo, non posso lasciarla andare a casa in questo stato,- gli raccomandava - avrebbe bisogno di recarsi in un istituto pubblico specializzato, sarebbe anche più vicino alla sua residenza; loro potranno decidere quando dimetterla, tra qualche settimana, un mese, quando le sue condizioni saranno migliorate, potranno rassicurarsi riguardo il suo comportamento.

Presentava a Paolo un periodo nebuloso, il pericolo di non sapere quando essere libero, poter ritornare a casa.

- Ma mi sento bene, sono adulto, sono in grado di decidere, sono consapevole di quello che faccio - replicava Paolo spazientito - poi vivo accanto alla famiglia del fratello, non sono solo. Non capisco questa preoccupazione. Mi assumo la piena responsabilità della scelta. Si trattasse almeno di uno o due giorni, non sarebbe un problema.

Erano presenti due medici specialisti.

- In verità - intervenne il più autorevole - avrei bisogno di compiere un altro esame, poi se tutto sarà a posto, tra un paio di giorni si potrà valutare la situazione e dimetterla.

- Allora - rispose Paolo - se si tratta solo di compiere un'altra verifica, va bene, d'accordo.

In precedenza aveva notato un tipo, forse politicizzato, che cercava di intromettersi nella sua vicenda.

Lo aveva osservato compiere segni particolari, indicare con gesti ad altri degenti i modi da usare nei suoi confronti.

Assisteva anche ai colloqui con i medici, come volesse interessarsi delle sue condizioni.

Ora, pensava, intendeva mandarlo in un altro ente pubblico per continuare a controllarlo, perseguire negli intrighi con trame indirizzate alle giovani infermiere.

In effetti, aveva compreso, dalle espressioni dell'assistente sociale, che il tipo era riuscito a inguaiarla, sollevando la questione del suo stato, del fatto di trovarsi solo a casa, privo di cure adeguate.

Ma a seguito dell'intervento dello specialista non sapeva, non poteva controbattere, così dovette accettare la sua decisione.

Paolo si accorse che l'assistente sociale si era tranquillizzata, era sollevata dai timori paventati con la proposta risolutiva del medico.

Alla fine accolse con soddisfazione il fratello e il nipote arrivati per accompagnarlo a casa.

Non appena si sentì in grado di riprendere i contatti sociali, pensò alle possibilità di approfondire i fatti inerenti alla vicenda sofferta.

Alcuni dubbi emersero dal colloquio presso il comando dei vigili urbani dove, secondo il racconto di alcuni, sarebbe stato condotto dalle persone che l'avevano trovato in stato confusionale.

Non ricordavano nulla, non riconoscevano la persona di Paolo.

- Ma - si chiedeva - se lo avevano soccorso chiamando l'ambulanza per portarlo in ospedale come potevano non averlo presente? Anzi sarebbe stato un motivo di orgoglio raccontarlo!

Inoltre, alcuni mesi dopo, Paolo rimase allibito per una grave notizia: si riferiva a un particolare atteggiamento mostrato dal comandante. Avvalorava la sua idea, immaginata da tempo, riguardo a contatti specifici fra talune persone.

Alle forze dell'ordine ricevette conferma delle sue osservazioni solo da un componente. Altri invece sembravano avere la risposta pronta, come preparata in anticipo, non mostravano l'intenzione di voler approfondire il fatto.

Nel complesso ebbe modo di riscontrare comportamenti che lo insospettivano, risolini, supponenza, accenni alla stranezza dell'evento, inviti a dimenticare ... a non pensarci ... sono fatti che succedono!

Atteggiamenti, comunque, che preoccupavano Paolo. Invece di scoraggiarlo, gli acuivano il desiderio di scandagliare a fondo i fatti.

Ma la motivazione prevalente appare come un avvertimento per indurlo ad assecondare le pressioni a cui è sottoposto da anni.
Quale accompagnarsi a una giovane donna, senza curarsi dell'età avanzata, delle precarie condizioni di salute, ma soprattutto nonostante le diverse denunce ricevute con le relative condanne.

Appare come un tentativo per indurlo a compiere atti penalmente rilevanti in modo da condannarsi da solo.

Pressioni per dimenticare le numerose difficoltà sopportate nei contatti con strutture pubbliche, giudiziarie, sanitarie, inoltre i tentativi di truffa a cui è stato e viene spesso sottoposto.

Come la questione di rimettere in discussione la vendita dell'appartamento comprato come componente di una cooperativa.

Era intervenuto lo stesso notaio che, in precedenza, interpellato per il testamento, aveva venduto gli immobili al piano terra, nonostante la citazione in tribunale.

Ora proponeva di riacquistare il diritto di proprietà per ottenere anche quello di superficie, sottoscrivendo l'atto di resiedere ancora nella stessa località che aveva abbandonato, alla morte del padre, per entrare in possesso dell'appartamento in cui era nato.

Avevano imbastito un tentativo truffaldino sul piano economico, oltre alla situazione confusa di scambiare l'attuale residenza con l'altra, ormai occupata dall'acquirente da diversi anni.

Correva il rischio di pagare di nuovo l'acquisto e perdere anche la casa!

E' comunque evidente la sequela di intrighi e iniquità in cui è coinvolto Paolo da tempo, dal trasferimento imposto dalla Regione Lombardia all'Enalotto, alle malaugurate cause sviluppate in merito al testamento.

Al riguardo aveva presentato, anni fa, la denuncia ai Carabinieri specificando i raggiri nei quali era stato imbrigliato, e che proseguono tuttora.

A ben riflettere andrebbero osservate le diverse attività svolte da Paolo nelle amministrazioni pubbliche:

- impiego all'Enal

- insegnante in scuole professionali della Regione Lombardia, in aspettativa all'Enal

- passaggio alla Regione Lombardia (legge 641 del 21.10.1978 e DPR 31.03.1979)

- trasferimento imposto dalla Regione Lombardia al Coni Enalotto con i telegrammi dell'agosto 1979 e quello della Presidenza del Consiglio; il ricorso, la nuova aspettativa e il decadimento dal servizio;

- insegnante in Istituti Superiori Statali.

Sono le attività che aveva esercitato nel tentativo
di inserirsi in quelle maggiormente significative
per la preparazione professionale e le attitudini.

Oltre allo specifico lavoro di artigiano svolto per
alcuni anni nella piccola azienda del padre, prima
della laurea in sociologia del lavoro.

Risulta con evidenza che le vicende più gravi
patite riguardano la conseguenza dei
comportamenti, nell'amministrazione della
giustizia, di persone, giudici e avvocati,
intervenuti nelle diverse cause trattate, a volte
anche sollecitate.
Affiora il dubbio se siano stati errori
inconsapevoli, o decisioni volute, i pesanti esiti
contraddittori emersi con gli atti documentati nelle
denunce presentate ai carabinieri e le onerose
imposizioni con gravi esborsi di denaro.

Si tratta di un lungo elenco di fatti, di vicende
provocate, imposte, che innescano una grave

motivazione in merito all'evento doloroso capitato a Paolo.

Considerazioni che conducono alla conferma di una violenta aggressione, come un'ulteriore intimidazione, una pressione per indurlo a compiere quei passi che da anni vorrebbero eseguisse.

Gli incessanti segni, a volte le stesse parole accennate, per denigrarlo nel comportamento sessuale, avrebbero l'intenzione di spingerlo a gesti, azioni aggressive nei confronti di giovani donne per dimostrare la valenza maschile.

In pratica dovrebbe assalire, usare violenza a una ragazza, preferibilmente giovane, anche minorenne, in modo da condannarsi direttamente. Questi intenti suggeriscono che le responsabilità di quanto successo a Paolo si possono riscontrare nelle persone stesse che hanno imbastito il complesso intreccio sessuale riguardante l'intera vicenda esistenziale.

Esaminando con attenzione, riflettendo sui diversi fatti, verificati nei risvolti di carattere professionale, politico e di categoria, si riscontra del discredito in alcuni settori dell'amministrazione pubblica, nelle persone coinvolte con l'attività nelle articolazioni di importanti organi costituzionali dello stato.

La nota affermazione di Hobbes, riguardo al comportamento degli esseri umani "homo homini lupus" risulta ancora attuale.

Anche a causa di posizioni cristallizzate di alcuni nonostante l'evolversi dei rapporti commerciali, finanziari, produttivi, a livello mondiale, che hanno modificato il modello di relazioni, introducendo tipologie impensabili che scombussolano quelle usuali, esistenti.

Inoltre, pur nello scorrere dei secoli, emergono ancora persone che auspicano l'uomo forte che sappia indirizzare la popolazione.

L'essere umano non è soltanto in conflitto con il proprio simile, ma appare rivoltarsi anche contro la sua stessa indole, e pure contro la natura.

Consapevole o meno dei propri limiti l'uomo potrebbe annullare il proprio genere, ma non distruggere la natura.

Riferimenti

Tribunale di Monza: sentenza 2485/96

Tribunale di Monza: sentenza 1317/01

Tribunale di Savona: sentenza 562/03

Tribunale di Monza: sentenza 3148/03

Tribunale di Monza: sentenza 711/04

Tribunale di Monza: sentenza 416/05

Tribunale di Monza: esecuzioni immob. 714/03

Corte di Appello di Milano: sentenza 504/08

Tribunale di Monza: decreto ingiuntivo 5092/08

Denuncia carabinieri 28.09.2013
Denuncia carabinieri 29.01.2014

Lettera studio legale box

Avv
Avv
Dott.

2.3.93

Egr.Sig.

Il Pretore ha sciolto la riserva respingendo la domanda proposta da   i e condannando lo stesso a pagare ad le spese liquidate in £.1.000.000.=.

In tale situazione Lei può continuare a godere del garage.

Coi migliori saluti.

Sentenza box

Alla luce del tempo a tutt'oggi trascorso dalla prima richiesta giudiziale (46 mesi dal 22.1.1993,data della notifica del ricorso possessorio al Pretore di   : della consistenza delle porzioni immobiliari de quibus,il danno sofferto dall'attore per il loro mancato godimento può essere complessivamente ed equitativamente liquidato,ai valori attuali, in lire   al mese per 46 mesi),oltre agli interessi legali dalla data della presente sentenza al saldo.

Le spese processuali seguono la soccombenza e si liquidano come da dispositivo.

Allo stesso regime soggiacciono le spese di CTU.

La presente sentenza va,ex lege,munita della clausola di cui all'art.282 CPC.

p.q.m.

Il Tribunale,pronunziando sulle domande proposte con atto di citazione notificato in data 28.5.1994 da   nei confronti di   ,così provvede:

3)condanna il   il risarcimento dei conseguenziali danni in favore dell'attore,liquidati in lire   oltre agli interessi legali dalla data della presente decisione al saldo;

4)respinge ogni ulteriore o diversa domanda ed eccezione proposta in giudizio dalle parti;

5)condanna il convenuto al pagamento delle spese processuali in favore dell'attore,

0 p

6)pone a carico definitivo de   e spese di CTU;

7)dichiara la presente sentenza provvisoriamente esecutiva.

14.11.1996

IL GIUDICE RELATORE/ESTENSORE

IL PRESIDENTE

Sentenza processo penale

M O T I V A Z I O N E

Ritenuto,

che l'imputato, all'udienza preliminare

per il reato di cui in epigrafe, faceva istanza di applicazione della pena ex art
444 C.P.P. subordinata alla concessione della sospensione condizionale della pena;

il P.M. prestava il proprio consenso;

che le parti si sono accordate per la pena di: *anni uno di reclusione;*

così determinata: *pena base, ritenuta l'ipotesi della minore gravità del fatto di cui all'art. 609 bis ne sp. anni 2 e m 3 di reclusione; aumento x art. 56 cp: a 1 e m 6 di reclusione, ridotta x art 444 c. a 1 di reclusione.*

che la pena determinata dalle parti può ritenersi congrua alla luce dei criteri
di giudizio ex art. 133 C.P.;

che non debba essere pronunciata sentenza di proscioglimento ex art. 129 C.P.P.
poichè dagli atti non emerge l'evidenza del proscioglimento nel merito;

che sussistono i presupposti per la sostituzione della pena detentiva inflitta
ai sensi degli artt. 53 ss., L. n. 689/1981;

che sussistono le condizioni oggettive e soggettive per la concessione della
sospensione condizionale della pena;

P. Q. M.

Visti gli artt. 444 ss. C.P.P.;

dato atto della concorde richiesta delle parti;

APPLICA

a *la pena di anni uno di reclusione, concessa*

l'attenuante della minore gravità del fatto
Concede la sospensione condizionale della pena.

    3 dicembre 2003

Sentenza divisione appartamenti

Le spese di lite vanno integralmente compensate e le spese di CTU già liquidate vanno definitivamente poste a carico solidale delle parti.

P.Q.M.

Il Giudice, c   ı, definitivamente pronunciando sulla causa proposta da   coı̀ provvede:

dichiara lo scioglimento della comunione in essere tra le parti.

Assegna al convenuto   la proprietà esclusiva dell'immobile di cui è causa subordinando il trasferimento in suo favore delle quote di 1/5 e di 2/5,

                  ıı).

Ordina al conservatore immobiliare competente la trascrizione della presente sentenza.

Pone definitivamente a carico solidale delle parti le spese di CTU già liquidate.

Compensa integralmente le spese di lite.

l/11/03

IL GIUDICE

Decreto ingiuntivo

IL TRIBUNALE

letto il ricorso che precede, visti gli artt. 633 e segg. c.p.c. ritenuta la propria competenza

INGIUNGE

di pagare alla ricorrente, nel termine di giorni 40 dalla notifica del presente provvedimento, la somma di € ......, oltre interessi legali dalla data del 4, nonché oltre i successivi e sino al saldo, spese, competenze ed onorari del presente procedimento che liquida in complessivi € 810,00 di cui € 115,00 per spese, € 452,00 per diritti ed € 323,00 per onorario, oltre rimborso forfettario del 12,5%, IVA 20% e C.P.A. 2%, nonché oltre le successive occorrende.

Avverte il debitore che può proporre opposizione nel termine di giorni 40 dalla notifica del presente ricorso e pedissequo decreto e che, in mancanza, lo stesso diverrà esecutivo.

li 4 12 08

Denuncia carabinieri 28.09.2013

Al Comando della Stazione dei Carabinieri

faccio presente di essere da tempo sottoposto a pressioni, intimidazioni, raggiri, tentativi di frode, manifestate come causate dal fatto di non attuare specifiche azioni contrarie alla mia mentalità, alla formazione culturale, al senso civile.

Viene diffusa una specie di nebulosa che suscita timore, incertezza in persone che intendono prestare un contributo negli impegni della vita, amici, conoscenti, professionisti interpellati.

In particolare lo scorso anno mi trovai coinvolto nel raggiro per modificare la procura, predisposta a suo tempo dal notaio, per la cessione dell'appartamento in una cooperativa   per soddisfare le intervenute esigenze del compratore di allora.

(Nel 1989 mi ero trovato nella necessità di venderlo a seguito dell'eredità alla morte del padre nel 1988).

L'intento consisteva nel coinvolgermi a riprendere il ruolo di proprietario per acquistare il pieno diritto di superficie da trasferire poi ai   rischiando di rimanere intrappolato nello scambio, anche nell'aspetto economico.

Tentativo sviluppato dallo Studio   che predispose la nuova procura, con il supporto pressante di varie persone, anche di una nota ad entrambi, per convincermi ad assecondare la richiesta.

Lo stesso studio notarile ebbe un ruolo determinante all'inizio della lunga vicenda della successione, che rivela tutt'ora conseguenze sgradevoli.

Alla morte del padre, avevo impugnato il testamento presentando il 31.12.1990, al Tribunale di Monza, l'atto di citazione n.102452/73436.

Ciò nonostante, lo Stu   l'11.03.1992, con atto registrato a Monza il 10.03.1992, avallò la compravendita tra gli intestatari delle quote del testamento al piano terra e l'acquirente si

il mio difensore e quello del fratello non ritennero d'intervenire.

In seguito, il Pretore di Monza nel marzo 1993 aveva respinto la richiesta di possesso del box, ma il Tribunale accolse quella di proprietà con sentenza n. 2485/96 del 14.11.1996 con aggravio di spese e risarcimenti.

L'acquirente iniziò ad affittare gli immobili, nonostante i locali, prospicienti la via, fossero privi di adeguate strutture conformi all'uso e carenti negli adempimenti.

Dopo svariate intese poco chiare, a volte contraddittorie, tra i diversi Studi Legali, nello svolgimento dei processi per la successione, la vicenda ebbe termine con sentenza della Corte d'Appello di Milano n. 504/08 del 16.01.2008 e l'assegnazione dell'appartamento, con diritto d'accesso,
n.

Da alcuni mesi si è posta la questione della manutenzione del tetto con un preventivo sviluppato secondo le indicazioni dello   Venne accettato dagli altri tre proprietari, sottoscrivendo anche il contratto che io non ho approvato.

E' stato inoltre richiesto ad ognuno il deposito preventivo di assegni, del valore della propria quota di partecipazione alla spesa, a garanzia dei bonifici da emettere in seguito secondo lo sviluppo dei lavori.

Non ho condiviso la forma di garanzia. Di conseguenza, il 17 scorso mi è arrivata la fattura della ditta appaltatrice senza indicare nessun lavoro eseguito e senza aver ricevuto una copia del contratto sottoscritto dagli altri.

28.09.13

Denuncia carabinieri 29.01.2014

Alla Legione dei Carabinieri della Lombardia
Stazione

nella denuncia presentata il 28.09.13 avevo parlato della copertura del tetto
dell'immobile, in cui abito, di via   e di una fa
Avevo anche espresso la frase sintetica "svariate intese poco chiare, a volte contraddittorie, tra i diversi studi legali"
Mi riferivo ad accordi disattesi con studi che mi hanno causato gravi danni

Nel primo pomeriggio, del 17.12.13, volevo sistemare l'auto nel box, ma nel nel cortile era piazzata una grossa gru che lo impediva
                                                                        del

aveva ottenuto.

Mi riferivo all'incontro, del 18.06.13,
giore e una s
divisione dei
Avevo chiesto di aggiungere, ai locali occupati, quello con il balcone, che, in precedenza, era parte integrante dell'abitazione di famiglia.
Allora, il mio difensore propose l'alternativa tra il ricevere il locale o la differenza di valore dei due immobili.
Nella comparsa conclusionale, presentata alla Corte d'Appello di Milano, il 03.12.2007, il legale aveva quantificato la somma in € 23.550, all'incirca l'import   nella risposta.
In effetti, la sentenza della Corte d'Appello di Milano, n.504 del 16.01.2008, mi attribuiva soltanto la proprietà dei locali occupati, con diritto d'accesso, mentre assegnava
balcone, segnata nella piantina predisposta de   ti.

L'altro grave caso riguarda il rischio del pignoramento dell'abitazione, a causa dell'inattuato accordo di transazione tra gli studi legali, sottoscritto il 01.06.2000, per il pagamento delle spese imposte dalla sentenza sul box n. 2485/96 del 14.11.96, procedimento bloccato dal Giudice dell'esecuzione n. 714/03 R.G.Es. Immob. del 21.10.2004, a seguito del versamento della somma stabilita, verificato il 03.02.2005.
Al riguardo, appare un grave equivoco, leggere sulle sentenze 1317/01 pag.1 e sulla 504/08 pag. 3, nonché sulla comparsa conclusionale citata alle pagg. 4 e 7 dell'accordo stragiudiziale tra le parti e i rispettivi avvocati, come attuato, quando è stata soltanto apposta la firma, mentre i fatti descritti dimostrano il contrario.

I lavori per la sistemazione del tetto sono conclusi; sabato, 25 c.m., ho ricevuto la fattura n.1300268 del 23.12.13 della
Ho risposto di aver presentato il 28.09.13 la denuncia a questo Comando.

Antonio Fossati

Allego
- copia della
- copia pagine 1, 4, 7, 12, della Comparsa conclusionale.
- copia dell'atto di transazione
- copia dell'Ordinanza del Giudice dell'esecuzione del 21.10.2004
- copia pag. 1 della sentenza 1317/01
- copia pag. 1, 3, 6,7 e piantina allegato A della sentenza 504/8
- copia pag. 1, 6 e 7 della sentenza 2485/96 del 14.11.1996

Sommario

9 781667 142326